Abaixo o Pop-Management!

A MISSÃO DA NEGÓCIO EDITORA

Produzir leitura de qualidade, levando ao leitor informações e tendências que ajudem a desenvolver seus conhecimentos e percepções. Nossa missão é apoiar os leitores na realização de seus objetivos pessoais e profissionais.

Boa Leitura!

Associação Brasileira para a Proteção dos Direitos Editoriais e Autorais

RESPEITE O AUTOR
NÃO FAÇA CÓPIA

THOMAZ WOOD JR.

Abaixo o Pop-Management!

Um Guia Prático para Sobrevivência
na Selva Empresarial

© 2003, Editora Campus Ltda. – Uma empresa Elsevier

Todos os direitos reservados e protegidos pela Lei 5.988 de 14/12/73.
Nenhuma parte deste livro, sem autorização prévia por escrito da editora, poderá ser reproduzida ou transmitida sejam quais forem os meios empregados: eletrônicos, mecânicos, fotográficos, gravação ou quaisquer outros.

Copidesque
Claudia Amorim

Editoração Eletrônica
RioTexto

Revisão Gráfica
Mariflor Brenlla Rial Rocha
Edna Rocha

Projeto Gráfico
Editora Campus Ltda.
A Qualidade da Informação.
Rua Sete de Setembro, 111 – 16º andar
20050-006 Rio de Janeiro RJ Brasil
Telefone: (21) 3970-9300 FAX (21) 2507-1991
E-mail: *info@campus.com.br*

ISBN: 85-7589-012-3

CIP-Brasil. Catalogação-na-fonte.
Sindicato Nacional dos Editores de Livros, RJ

W853m
    Wood Junior, Thomaz
        Abaixo o Pop-management! um guia prático para sobrevivência na selva empresarial / Thomaz Wood Jr.
    – Rio de Janeiro : Campus, 2003

        ISBN: 85-7589-012-3

        1. Administração de empresas. 2. Cultura organizacional.
    3. Comportamento organizacional. I. Título.

03-1126.   CDD — 658
                                        CDU — 65

03 04 05 06 07   5 4 3 2 1

Este livro é dedicado a todos os profissionais que acreditaram nos textos de auto-ajuda empresarial, nos gurus de gestão e nos cursos de MBA, mas que um dia descobriram a verdade e decidiram trilhar o caminho do bem.

Sumário

Prefácio   XIII

Prólogo
    Novos tempos, novas neuroses   XVII

1   Nas águas turvas da estratégia empresarial   1
    Grandes surpresas   3
    No reino da fantasia   7
    E la nave va   11
    Cuba, os mísseis e o Nobel   15
    O celular e o trompete   19

2   Maravilhas da cultura organizacional   23
    Prestígio, poder e glória   25
    Na meia-idade, a crise!   29
    O almoço de negócios   33
    Pizza de rúcula   37

3   Tipos inesquecíveis   41
    Mr. Lay e Mr. Kane   43
    Quase, quase famoso!   47
    Vampiros de almas   51

4   Embustes e fraudes   55
    Teatro arriscado   57
    Espírito da época   61

	Zero de conduta	65
	Dilemas do lucro social	69
5	NO PÂNTANO DAS COMPETÊNCIAS	73
	Educando?	75
	Aula de *big business*	79
	Estraga o raciocínio!	83
	Penso? Não, desisto!	87
6	A INCRÍVEL LITERATURA CORPORATIVA	91
	Contos de fadas	93
	A cozinha de Maquiavel	97
	Marxismo revisitado	101
	O sucesso revisitado	105
7	FICÇÕES VERDADEIRAS	109
	Film noir	111
	O rato que ruge	119
	Encontro marcado	129
	Face a face com o Grande Irmão	139
	O triste caso dos executivos sem cérebro	149
	A volta de Victor K.	159
8	ALÉM DOS JARDINS CORPORATIVOS	165
	O amigo americano	167
	A identidade, companheiro!	171
	Calçadas cidadãs	175
	Domaine de la Conceição	179
	Giovanna violada!	183
	Johnny vai à guerra	187

EPÍLOGO
    Propostas concretas   191
    O dispositivo quebra-ondas   193
    Pindorama refeito   197

    O autor   201

Prefácio

Não foi por golpe de Estado ou invasão armada. Não, nada dramático aconteceu. Eles foram chegando devagarzinho. E foram tomando conta. Quando você menos esperava, já estava tudo controlado.

Primeiro, timidamente, foram os *best-sellers* de gestão: um, dois... dezenas, centenas deles. Quando menos se esperava, não era mais possível manter a leitura em dia. A cada semana, novas "obras seminais", imperdíveis e obrigatórias, eram lançadas. Sua empresa até criou uma biblioteca e seu chefe passou a distribuir livros entre os executivos: "Leiam, senhores, e entenderão tudo que está acontecendo no mundo corporativo!" O sentido da vida em singelas orelhas de livros.

Depois, foram chegando os gurus de gestão. No início, eram dois ou três, mas eles também se multiplicaram. E não pararam de visitar Pindorama: dezenas deles, trazendo idéias e conforto. E levando dólares, naturalmente. Tamanha pujança levou à criação de clones locais, tão canastrões quanto os importados, é certo, mas afinal é preciso valorizar a produção local.

Ao mesmo tempo, as consultorias foram tomando conta da paisagem. Na sua empresa, elas já ocupam um andar inteiro. Noutras, o número de consultores já rivaliza com o número de funcionários. Elas cresceram montadas nas modas gerenciais: a cada nova estação, uma novidade. Para cada moda que se esgotava, duas ou três eram criadas. Os benefícios sempre foram duvidosos, mas quem ousaria se opor a elas. E, afinal de contas, um pouco de mudança sempre ajuda a enfrentar o tédio.

Finalmente, vieram os MBAs: de todos os tipos, para todos os gostos e bolsos. Uma sala vazia, um retroprojetor e "presto!": surge um MBA. Aos iniciados estará reservado o sucesso rápido. Aos resistentes, o esquecimento, o declínio e a queda. Mas não esqueçam, Mr. Bush fez MBA, em Harvard!

Não era suficiente controlar os corpos. Era preciso conquistar os corações e mentes. O resultado é que, em 10 anos, a paisagem corporativa mudou. Nada escapou: sólido ou pastoso, sagrado ou profano, tudo desmanchou no ar.

Então, meu caro leitor, agora você olha em volta e se pergunta: onde foram parar as pessoas? De onde vieram tantos rinocerontes?

...

Abaixo o Pop-management!, como seu antecessor, *Executivos neuróticos, empresas nervosas*, foi escrito para o leitor de tempo escasso, porém voraz por conhecimento bem fundamentado, fermentado e destilado. Os capítulos são curtos, porém não se abriu mão do dever e do prazer de exercer um olhar crítico sobre o mundo ao redor, especialmente este estranho mundo corporativo, que nos envolve 24 horas por dia, 7 dias por semana.

Boa leitura!

Thomaz Wood Jr.
São Paulo, junho de 2003

PRÓLOGO

"O problema do sistema de lucro é que ele dá prejuízo à maioria das pessoas."

E. B. White

Novos tempos, novas neuroses

*No futuro corporativo,
a depressão dará
lugar à compulsão e a
paranóia será substituída
pelo dramatismo.*

O que nos reservam os anos vindouros? Este escriba consultou astrólogos e financistas, alquimistas e estatísticos. Decepção! Nada de novo foi revelado, nada além de variações quantitativas: uma guerra, duas tragédias e três escândalos; ou duas guerras, três tragédias e dois escândalos. Tampouco os espíritos econômicos foram claros. Evocados no clímax da temporada da caça ao planejamento estratégico, incorporaram a contragosto e psicografaram o óbvio: tempos difíceis!

Então, caro leitor, a saída foi recorrer ao holandês Kets de Vries (o pai do tema) e tentar um exercício sobre a verdadeira base ortopédico-estrutural das organizações contemporâneas: loucuras e neuroses. Como se sabe, de perto, independente das pirotecnias dos relações públicas e das artimanhas dos comunicólogos, nenhuma empresa é normal.

Eis então que surge uma visão consistente do futuro. Observado o passado, examinadas as tendências e traçados os cenários, revela-se um futuro com mudanças importantes nas neuroses organizacionais: a depressão dará lugar à compulsão e a paranóia será substituída pelo dramatismo. Em suma: o movimento na ala psiquiátrica continuará o mesmo, porém revigorado em aflições e delírios.

O final do século XX já assinalava as condições de contorno: depois dos devaneios neon-liberais, surgiu um *revival* do nacionalismo provinciano, embalado por um otimismo prozacquiano e por um autismo de periferia. Em *Terra Brasilis*, por mais que uns e outros voem e vejam, a realidade é mantida à margem, constantemente negada pelo medo do novo ou simples preguiça. É este fecundo ambiente sociocultural que nutre nossas neuroses organizacionais. Se não há evolução, decerto há mudança. O discurso segue trôpego, e tudo muda para que fique como está.

O início do século XXI foi marcado por depressões corporativas, as crises mais graves localizadas na montanha-russa do segundo semestre. Foi um período de sentimentos de culpa e inadequação, de falta de perspectivas e de minguada motivação. Muitos empresários e executivos pareciam desnorteados, à mercê dos eventos, sem capacidade para pensar claramente e inaptos para definir um rumo. Tudo, claro, por causa das eleições, que por aqui a culpa é sempre do outro. Mas o futuro será diferente e a depressão cederá lugar à compulsão. De neurose renovada, os ex-depressivos adquirirão confiança e focarão, com fibra de sovina, detalhes irrelevantes:

cortarão despesas com xerox e cancelarão contratos de estagiários. Velhos dogmas de gestão retornarão travestidos de novidade e a preocupação com detalhes triviais ganhará *status* estratégico. A fixação pelo próprio umbigo corporativo reinará e um novo *boom* das normas ISO será celebrado.

Entretanto, o passado recente não foi apenas das organizações depressivas, foi também das empresas paranóicas, aquelas que desconfiam de tudo e todos. Orgulhosos, seus executivos atiram "filosofia" reciclada no ventilador, como aquele conhecido *playboy* de Karman-Ghia e bota de vaqueiro. No passado, as empresas paranóicas cultivaram sem pudor a hipercompetitividade. Mas até os paranóicos convictos mudam: daqui para frente, suas empresas evoluirão na escala das neuroses e se tornarão organizações dramáticas. A atenção exagerada ao próprio umbigo permanecerá: uma vez narciso, sempre narciso. Porém, no lugar da frieza emergirão emoções de dramalhão mexicano e a obsessão por resultados será ultrapassada pela obsessão pela aparência de resultados. Com sorte, Pindorama terá em breve a sua Enron.

Depressiva ou paranóica, compulsiva ou dramática, a vida organizacional continuará a fazer vítimas, e quase todas voluntárias. Por que a complacência com a loucura? É a cognição, caro leitor, a cognição. Veja o mais fiel retrato do país: pendurado na encosta invadida e sustentado por oportunismo de vereador, repousa em equilíbrio instável o insalubre tugúrio. No teto, o patético prato branco mira o céu: um cordão umbilical que liga o nada a lugar nenhum, em geral uma Zona Sul de silicone. O habitante de Pindorama vive num acampamento selvagem, mas parece sofrer de singular efeito narcotizante, embalado num sonho que romantiza paisagens devastadas, embeleza corpos tortos, ameniza atrocidades, moderniza discursos anacrônicos, superestima talentos frágeis e cultua celebridades sem princípios. Que prosperem as neuroses!

1
NAS ÁGUAS TURVAS DA ESTRATÉGIA EMPRESARIAL

"A coerência é o último refúgio dos sem imaginação."
Oscar Wilde

GRANDES SURPRESAS

*A VIDA CORPORATIVA
MISTURA PERÍODOS DE
CONTINUIDADE E MOMENTOS
DE RUPTURA. PREPARAR O OLHAR,
A MENTE E O ESTÔMAGO
É ESSENCIAL.*

Stephen Jay Gould, o célebre paleontologista e divulgador de idéias científicas, deixou dezenas de livros publicados, com títulos atraentes como *Darwin e os grandes enigmas da vida*, *Dinossauro no palheiro* e *Lance de dados*. Professor em Harvard na década de 1960, envolveu-se desde o início de sua vida acadêmica na polêmica sobre a biologia evolucionária, uma teoria neodarwinista então ascendente no meio científico. Onde os neodarwinistas viam mudanças graduais, Gould enxergava uma mistura de continuidade e rupturas. Suas pesquisas revelaram um mundo onde formas ótimas eram rapidamente atingidas e depois mantidas por longos períodos, até que catástrofes naturais ou eventos arbitrários ocasionassem uma mudança repentina.

Como campos científicos não são estanques, as idéias de Gould encontraram paralelo em estudos organizacionais. Ao observar populações de empresas como se fossem espécies em evolução, cientistas organizacionais também notaram longos períodos de continuidade entrecortados com momentos de ruptura. Apesar de inevitáveis limitações, a analogia ganhou força. Se não por outro motivo, pelo simples fato de que é muito fácil olhar grandes empresas, vitimadas pela própria lentidão e falta de capacidade de adaptação, e descobrir dinossauros prestes a desaparecer.

Gerenciar empresas em períodos de estabilidade e crescimento é obviamente mais fácil que administrar em momentos de ruptura. Nestes momentos, pressupostos são questionados, mapas mentais são refeitos e novos modelos de negócios são desenvolvidos.

É sintomático que antever o futuro seja, há décadas, o objeto de desejo de muitos estrategistas corporativos. A Global Business Network, por exemplo, é uma entidade que busca desenvolver métodos científicos para "reavaliar o presente de forma a antecipar o futuro e gerenciar as respostas estratégicas adequadas". Em 2001, esta organização tinha uma conferência prevista para o dia 12 de setembro, em Nova York. Desnecessário dizer, o evento foi adiado em função do ataque terrorista ao World Trade Center. Curiosamente, o tema do encontro era "The Big Surprises". Reprogramado para algumas semanas mais tarde, teve um aumento de 50% no número de participantes.

Após os eventos de 11 de setembro, muitos previram que a economia iria mudar, com recessão, falências e desemprego. O que se seguiu não foi um mar de rosas, mas também não foi uma catástrofe. Como outras rupturas, o movimento que seguiu os ataques terroristas gerou perdedores e ganhadores.

A visão de longo prazo é uma mistura de ciência e arte cultivada por estrategistas corporativos. Seus defensores apostam as fichas na formulação de cenários como um componente essencial da estratégia empresarial. Seus detratores afirmam que a abordagem não passa de exercício inútil de futurologia e que a estratégia acontece principalmente no dia-a-dia, na interação entre a empresa e os outros agentes econômicos. No meio-termo alguma verdade deve residir.

O exercício de formulação de cenários é certamente um avanço em relação à simples projeção do passado, que a maioria das empresas ainda utiliza. Ajuda a refinar percepções e a preparar a empresa para o futuro. Porém, tomar os cenários projetados como imagens do futuro pode ser arriscado. Algumas crises, ou oportunidades, são totalmente inesperadas. Outras são totalmente previsíveis. Basta ler os jornais.

Em *Terra Brasilis*, estratégia empresarial é um conceito ainda pouco praticado e olhar um pouco à frente é um hábito ainda exótico. Muitos executivos locais parecem encontrar mais prazer nas lides operacionais diárias que nos processos de maior reflexão. Herdeiros da visão de curto prazo da época da inflação e avessos à atividade de planejar, preferem reproduzir o passado a olhar à frente. Mas note-se que olhar à frente não é o mesmo que prever o futuro. Olhar à frente é assimilar continuamente informações, analisá-las convenientemente e transformá-las em ações.

Conduzir negócios em tempos de continuidade e crescimento é como remar rio abaixo. Alguns cuidados com as manobras radicais e com os barcos inimigos e a coisa flui. Em tempos de crise e de rupturas é diferente. Para sobreviver à montanha-russa da vida empresarial é preciso preparar o olhar, a mente e o estômago.

NO REINO DA FANTASIA

*AO NORTE E AO SUL, NO GOVERNO
E NAS EMPRESAS, POR RAZÕES
SUBSTANTIVAS OU ESPÚRIAS, AS
TEORIAS CONSPIRATÓRIAS
CONTINUAM POPULARES.*

Aqui na Terra somos pródigos em delírios conspiratórios. No final de 2002, *The Economist* dedicou ao tema irônicas laudas, começando com questões sensíveis. Quem planejou o ataque às torres do World Trade Center? O serviço secreto de Israel, para jogar os americanos contra os árabes. Ou talvez "Al-Gur", segundo um egípcio entrevistado pela revista. Não, não se trata de uma variante da temida Al-Qaeda, mas do ex-vice-presidente americano, revoltado por ter perdido a eleição para George Bush. Quem foram os responsáveis pelo massacre de milhares de muçulmanos desarmados em Srebrenica em 1995? Milicianos sérvios? Não! De acordo com Slobodan Milosevic, o hediondo crime foi obra do serviço secreto francês. E o assassinato de John F. Kennedy? Segundo pesquisa do início dos anos 90, 73% dos americanos ainda acreditavam que foi fruto de uma conspiração. Fato ou ficção, as teorias conspiratórias movimentam *sites* na Internet, livros e filmes.

Crer em conspirações não é necessariamente tolice. Algumas conspirações são bem reais. Em vastas regiões do planeta, quiçá na maior parte, governos são postos e depostos por golpes, e conspirar é a única forma conhecida de fazer política.

Reais ou imaginárias, as teorias conspiratórias explicam o mundo, são fáceis de entender, têm apelo dramático e são quase impossíveis de negar. Afinal, qualquer explicação contrária pode ser considerada parte da conspiração. Porém, enxergar conspirações por toda parte pode ser fruto de paranóia ou de mentalidade simplória, ou ambos. Além disso, o "conspiracionismo" *per se* pode trazer prejuízos: mina a confiança e pode levar a erros de julgamento e tragédias de proporções aterradoras.

Um caso sempre em foco são "Os Protocolos dos Sábios do Sião", um suposto plano sionista para dominar o mundo. Hoje disponíveis na Internet, os protocolos circularam décadas em cópias clandestinas. O documento original foi forjado, supõe-se, durante o caso Dreyfus, por um comandante da polícia secreta russa baseado em Paris. No início do século XX, novas versões surgiram na Rússia, sendo trazidas posteriormente para a Europa por fugitivos da Revolução de Outubro. Na Inglaterra, em 1920, o *Times* acreditou na trama e deu grande destaque ao documento. Um ano mais tarde, o próprio jornal revelou a farsa. Ainda nos anos 20, os protocolos chegaram aos Estados Unidos: *The Dearborn Independent*, jornal extremista de Henry Ford, chegou a editar um livro com o conteúdo dos protocolos. Tiragem: 500 mil exemplares! Em 1927, Ford negou responsabilidade sobre o conteúdo e tentou fazer um *"recall"*, tirando o livro de circulação.

E as empresas? Seriam menos propícias às teorias conspiratórias? As fraudes ocorridas em anos recentes provam o contrário. E além dos casos extremos, fusões, aquisições e reestruturações também fomentam conspirações e teorias conspiratórias. Grandes movimentos são sempre precedidos por irremediável paralisia: no vácuo de atividades e informações, multiplicam-se tramas reais e fictícias. Grandes empresas e grandes empresários parecem sempre envoltos numa nuvem densa e opaca. Muda o cenário, mudam as instituições, mudam as táticas, mas a essência conspiratória está sempre lá.

O que faz as teorias conspiratórias populares também nas organizações? O primeiro fator a considerar é que a vida corporativa é um grande campo de batalha política, com barganhas e conchavos, no qual a racionalidade é limitada e o espaço para a manipulação infinito. Portanto, pântano fértil para tramas. O segundo fator é o culto à paranóia que impera em muitas empresas. Já não bastasse a instabilidade e a incerteza reais, seus líderes cultivam a neurose. Nas organizações paranóicas qualquer sombra pode ser ameaça e qualquer boato conspiração. O terceiro fator é prosaico: as tramas e conspirações fazem parte do teatro organizacional. De alguma forma, ajudam a enfrentar o tédio da vida corporativa. Reflexo do estado das coisas, nunca tantos profissionais procuraram alternativas à tradicional carreira na empresa. Cansaram da rotina, da falta de perspectiva e dos jogos de poder pouco éticos. Os que ficam continuam entregando-se com vigor a arranjos conspiratórios e tramas rocambolescas. E o mundo segue em órbita como o lavrador com sua charrua lavra a terra.

E LA NAVE VA

No final de 2002, a passagem do grande circo místico eleitoral coincidiu com a temporada corporativa de planejamento estratégico.

"Brasileiros vão às urnas com temperatura alta e possibilidade de chuva", proclamava a manchete do dia 6 de outubro de 2002. Em toda a mídia um festival de clichês: festa cívica, voto consciente, exercício da cidadania, o destino do país etc., etc. Nas ruas, estranha algaravia: o barulhento circo eleitoral abre passagem para palhaços falastrões, equilibristas desajeitados e leões sem dentes. Como outras metrópoles brasileiras, São Paulo — cidade-irmã de Cabul, Tirana e Lagos — transmuta-se em obra de um Christo psicopata. Nenhuma superfície é perdoada, nenhum mastro desperdiçado, nenhum canteiro poupado: trabalhamos com afinco para bater um novo recorde de esculhambação urbana.

Enquanto assistia ao *"show* democrático" do grande circo místico (pobres bailarinas!), o mundo corporativo se preparava para seu famoso ritual anual: a temporada de caça ao planejamento estratégico. Enquanto se votava nos que dizem que farão, os que já fazem, e continuarão fazendo, seguem sua rotina. É justamente neste período do ano que empresários e executivos acertam — ou tentam acertar — o rumo e o prumo para as próximas estações. No grande bingo pré-natalino, eles acionam a bola de cristal e induzem profecias, fazendo apostas sobre câmbio, inflação, crescimento e juros. É destas premissas sobre cenários econômicos que brotarão os planos e ações para o ano seguinte.

O planejamento estratégico existe há décadas. Teve até sua morte anunciada, mas se reinventou e sobreviveu aos críticos. Em *Terra Brasilis,* ainda é um termo mais falado que praticado. Muitos executivos continuam pilotando empresas com os dois olhos no retrovisor: seguem repetindo o passado, com adições de 5% ou 10%. Outros praticam o ritual à risca: consultam oráculos econômicos, deciframa as matrizes do sentido da vida, bisbilhotam a concorrência, mergulham em discussões táticas e criam planos. Depois arquivam os planos e seguem a corrente como se nada tivesse acontecido. Mas há os que perseveram. Para estes as chances de recompensa são maiores.

Em momentos de cenários turvos e expectativas pessimistas, a grande tentação é adotar a máxima: "Já que não é possível delinear um cenário confiável, então vamos cuidar do dia-a-dia." Porém, pesquisas sobre comportamento estratégico em cenários turbulentos indicam que o procedimento mais seguro é a sofisticação do processo estratégico, e não sua negação. Trabalhar com horizontes turbulentos não invalida a construção de cenários e de planos. Este exercício que inclui, deve-se admitir, alguma adivinhação, ajuda a definir ações e a preparar a organização para as mudanças.

Outro ponto a considerar é que quando o cenário e o alvo são móveis, cresce a importância da "inteligência competitiva". Sabe-se que as empresas que investem seriamente em informações se saem melhor que as outras. Tais organizações monitoram continuamente o contexto econômico, o mercado e os concorrentes. As informações captadas fluem para os centros de tomada de decisão e as ações adequadas são rapidamente encaminhadas. Com isso, o direcionamento estratégico é dado por uma mistura de ações planejadas com outras que nascem da interação da empresa com o ambiente competitivo. São as chamadas "estratégias emergentes", movimentos que aparecem em todas as frentes e que moldam o futuro da empresa. Elas compõem com as estratégias planejadas o movimento vital da organização.

Em momentos de transição — e transação — política, um processo estratégico sofisticado pode significar mais que lucros. Pode transformar-se num colete salva-vidas para atravessar a turbulência.

Cuba, os mísseis e o Nobel

O ANIVERSÁRIO, EM OUTUBRO DE 2002, DA CRISE QUE QUASE PROVOCOU A TERCEIRA GUERRA MUNDIAL FOI OCASIÃO PARA REFLETIR SOBRE A ESTRANHA NATUREZA DOS PROCESSOS DE TOMADA DE DECISÃO.

A quase tragédia teve início em 16 de outubro de 1962, quando o presidente norte-americano John F. Kennedy foi informado da instalação de mísseis nucleares soviéticos na ilha de Fidel. A iniciativa foi tomada como uma agressão. Os cubanos, de seu lado, entendiam a presença dos mísseis como ação de defesa, no contexto da ameaça de uma invasão militar americana: 1961 fora marcado pelo episódio da Baía dos Porcos.

À descoberta sucedeu uma escalada de ações e reações, sob um clima de crescente tensão. Em 27 de outubro, o conflito ameaçava ficar fora de controle. Em Washington, os militares pressionavam Kennedy a autorizar um ataque antecipado: uma "Pearl Harbour às avessas", como argumentou Robert Kennedy, que se opunha aos militares. No *front*, um avião norte-americano foi derrubado sobre Cuba e um *destroyer* chegou a lançar cargas de profundidade contra um submarino soviético. O comandante do submarino ordenou que seus torpedos, com ogivas nucleares, fossem colocados em posição de tiro. Salvou o mundo um dos oficiais, que não concordou com retaliação nuclear. Em 28 de outubro, o final improvável: os norte-americanos convenceram os soviéticos a retirar os mísseis e ordenar o retorno de sua marinha, que rumava para Cuba. Em contrapartida, prometeram não invadir a ilha e acenaram com a retirada de mísseis estacionados na Turquia.

Paradoxalmente, embora o mundo tenha chegado à beira da Terceira Guerra Mundial, Nenhum dos três governos envolvidos queria a guerra. Como se explica? Falando ao *New York Times*, Robert McNamara, secretário de Defesa norte-americano em 1962, observou que o processo decisório que permeou a crise é comum nas ações militares. Leia-se: grande número de variáveis, escassez de informação e comportamento nem sempre racional dos envolvidos. Nada muito diferente do que acontece em empresas, exceto pelo impacto: erros em decisões empresariais podem custar a solvência da empresa, erros em guerras convencionais podem custar milhares de vidas, numa guerra atômica o preço é bem mais alto.

Entender o processo decisório de militares, executivos, governantes e do homem comum tem sido foco de interesse da economia e da administração. Não é por acaso que a Academia Sueca concedeu o Prêmio Nobel de Economia de 2002 a dois pesquisadores — Daniel Kahnenam, da Universidade de Princeton, e Vernon Smith, da George Mason University — que construíram suas reputações em torno da idéia que os tomadores de decisão são seres humanos de racionalidade limitada, propensos a deixar que as emoções interfiram em suas escolhas.

Ao contrário da física, da biologia e da química, a economia e a administração não são *hard-sciences*. Não é possível recriar empresas e sistemas econômicos em tubos de ensaio. De fato, a prática econômica e gerencial está repleta de exemplos de irracionalidades, algumas delas "exuberantes", como o comportamento de manada nos mercados financeiros, alimentando bolhas ou acelerando *crashs*; ou a adoção inconseqüente por empresas de novas modas gerenciais, como a reengenharia e os sistemas integrados.

Racionais ou irracionais, os processos decisórios estão no centro do trabalho gerencial. Altos executivos chegam a tomar dezenas de decisões por dia. Muitas são banais, como a definição da nova deçoração do escritório, mas outras podem gerar forte impacto sobre o futuro da empresa e de seus funcionários: são decisões sobre investimentos, escolhas estratégicas, opções tecnológicas e até fusões e aquisições.

Na teoria (econômica ou administrativa) clássica, o ser humano é um tomador de decisões frio e estruturado, capaz de reunir todas as informações necessárias, definir alternativas e escolher com precisão aquela que vai garantir o melhor retorno. Na vida real, as informações são restritas, o processo caótico e o tomador de decisão bem menos que racional. O resultado, como demonstrou Paul Nutt, da Ohio State University, com base em extensiva pesquisa com grandes corporações, é que metade das decisões tomadas falha. Na teoria, a tomada de decisão simula ares de ciência. Na prática, é menos que uma arte experimental. Reconhecer o fato já é um grande passo, para a economia e para a administração.

O CELULAR E O TROMPETE

No palco do Village Vanguard Wynton Marsalis usa um acidente corriqueiro para mostrar que a improvisação é uma arte que exige disciplina, sofisticação e criatividade.

O registro é de David Hajdu, para a edição de março de 2003 da revista *The Atlantic Monthly*. Momento: final de verão em Nova York. Local: o tradicionalíssimo clube de jazz Village Vanguard. No palco, Charles McPherson, um saxofonista talentoso, porém não exatamente uma estrela, toca clássicos do *bebop*. Mas quem seria o trompetista discretamente sentado ao lado? A figura lembra um pouco Wynton Marsalis. Mas não, não pode ser. Então, na terceira música, "Chasin' the Bird", de Charlie Parker, o discreto trompetista segue até o centro do palco e faz um solo. A dúvida permanece: o elegante cavalheiro de terno italiano com o trompete lembra muito Wynton Marsalis.

Começa a quarta música, uma balada chamada "I Don't Stand a Ghost of a Chance With You", tocada em solo pelo trompetista. Não há mais dúvida: o homem no palco é realmente Wynton Marsalis! A música é triste e melancólica e o trompete murmura as palavras em forma de notas. No clímax, Marsalis toca lentamente a frase-título, esperando que cada nota reverbere no fundo da sala. "I don't stand... a ghost... of... a... chance..." O silêncio além do trompete é absoluto. Então, no ápice, dispara o criminoso *beep* de um telefone celular. Catástrofe: a magia é arruinada. O delinqüente foge lépido com sua "arma" enquanto o burburinho na platéia aumenta. No palco, Marsalis continua imóvel, as sobrancelhas em arco. Então, seu trompete reproduz o macabro som ritmado do celular. Ele repete o som e começa a improvisar e adicionar variações. A audiência pouco a pouco volta ao palco. A improvisação evolui por alguns minutos até voltar à forma da balada original. Marsalis termina exatamente onde havia parado: "with... you..." *Grand finale*!

Wynton Marsalis nasceu em Nova Orleans, em 1961, filho de uma família de músicos. Aos oito anos tocava na banda da igreja e aos 17 já era bolsista da celebrada Julliard School, de Nova York. Pouco depois passou a integrar o Jazz Messengers, de Art Blakey, e iniciou uma meteórica ascensão. Ganhou prêmios como compositor e como músico clássico e de jazz. Pouco além dos 40 anos de idade, é uma das principais referências do cenário musical e cultural de seu país.

Seu sucesso rejuvenesceu o jazz a ajudou a transformá-lo na "música clássica americana". Ele trouxe o jazz para o Lincoln Center e prepara-se para inaugurar um espaço totalmente dedicado à sua paixão. Por mais de 20 anos, Marsalis foi quase uma unanimidade, tocando, compondo e promovendo o ensino e a divulgação do jazz. Seu respeito pelos grandes mestres e seu rigor musical redefiniram o terreno.

Polêmico e avesso ao pop pasteurizado e às distorções do jazz, criou inimigos entre músicos e críticos. Alguns críticos o acusam de neotradicionalista e avesso a inovações, e de ter inibido a inovação necessária para a evolução da música. Por seu peso e contribuição artística, Marsalis é sem dúvida um *gatekeeper*, um guardião que luta para trazer o conhecimento musical para o jazz e para criar uma pedagogia de base sólida.

Para Marsalis, o verdadeiro jazz tem ritmo de *swing*, a ética do blues e improvisação, registrou uma matéria no *The Guardian*. O que este excepcional artista demonstra com sua trajetória, e deixou claro uma vez mais no palco do Village Vanguard, é que a improvisação é um jogo sofisticado; um jogo que exige formação, treino, apuro técnico e disciplina; um jogo que exige também talento, sensibilidade e criatividade.

A lição transcende a música e o palco. A improvisação está no centro do trabalho de músicos de jazz, de atores e artistas. Está também no centro do trabalho de empresários, executivos, planejadores e estrategistas. O criminoso celular no Village Vanguard permite analogias precisas no dia-a-dia das empresas. Estratégias bem estudadas e planos cuidadosamente detalhados têm sua execução comumente interrompida por mudanças de contexto, catástrofes macroeconômicas, "acidentes" de mercado ou surpresas causadas por concorrentes. Diante de mudanças repentinas, muitos executivos ficam imobilizados. Outros improvisam de forma desajeitada e perigosa, perdem o controle e o rumo. Falta-lhes compreender a sofisticação da arte da improvisação. Deveriam ouvir mais jazz.

2

Maravilhas da cultura organizacional

"Um idealista é alguém que ajuda outro a ter lucro."
Henry Ford

Prestígio, poder e glória

Praga corporativa, o "narcisismo destrutivo" dissemina-se entre executivos e ameaça profissionais e empresas.

O mito é conhecido: o rio Cefiso, de insaciável energia sexual, fecundou a ninfa Liríope. À indesejada gravidez seguiu-se um jubiloso parto. Nasceu Narciso, o mais belo dos mortais, desejado por deusas, ninfas e jovens gregas. Entre suas apaixonadas estava Eco, que seguiu o insensível Narciso numa caçada. Friamente repelida, isolou-se, definhou e transformou-se em rochedo. Revoltadas, outras ninfas pediram vingança a Nêmesis, que condenou Narciso a "amar um amor impossível". A maldição foi cumprida quando Narciso debruçou-se sobre a própria imagem num espelho d'água, viu-se e não pôde mais sair dali.

Mas Narciso parece renascer nas organizações. Quem comenta o fenômeno do "narcisismo destrutivo" é o pesquisador Roy Lubit, na revista americana *Executive*. Para o autor, o "narcisismo destrutivo" é um problema comum e relevante nas empresas.

Executivos narcíseos têm autoconfiança incomum, exibem entusiasmo magnético e são direcionados para o prestígio, o poder e a glória, características que facilitam a ascensão a posições de comando. A arena política é seu terreno preferido: eles são capazes de seduzir superiores, manipular pares e arquitetar alianças de ocasião.

Por outro lado, seu desdém pelos colegas e o foco exclusivo em seus interesses pessoais podem trazer conseqüências danosas para o clima e o desempenho da empresa. Eles não possuem empatia real pelos outros. Usam-nos para atender suas necessidades de admiração e apoio. A falta de valores e de constância de propósitos pode afastar os profissionais mais talentosos e comprometer o futuro da empresa.

O termo narcisismo, em seu uso atual, relaciona-se aos sentimentos sobre nós mesmos e a como regulamos nossa auto-estima. Um "narcisismo saudável" ajuda a sobreviver às frustrações do dia-a-dia. Porém, indivíduos sofrendo de "narcisismo destrutivo" costumam exibir um senso exagerando de auto-importância, arrogância e preocupação excessiva com poder e riqueza.

Seu tempo é quase sempre dedicado a conversar e a falar de si mesmo. Suas imprescindíveis competências, seus feitos heróicos e seus amigos influentes costumam ser os assuntos centrais. Como seres superiores que acreditam ser, esperam ser servidos e obter tratamento especial. Nas sombras, são desconfiados e estão sempre prontos a identificar ameaças e conspirações. Para se proteger, se cercam de poucos e leais subordinados. Os mais fiéis sicofantas são promovidos; os liderados mais críticos são defenestrados.

Executivos narcíseos são geralmente fracos na implementação de projetos e programas. Seu desejo por movimentos rápidos e apego a efeitos especiais fazem com que saltem de iniciativa em iniciativa: num ano, a reengenharia; no outro, o *e-business;* no terceiro, o CRM. Porém, sua autoconfiança impressiona os colegas que pressupõem que autoconfiança e competência andam juntas. Peritos em gerenciamento da impressão, eles são capazes de cultivar uma imagem positiva. O resultado pode ser uma ascensão rápida ao topo da pirâmide.

A cultura organizacional tem influência na presença de narcisos na empresa. Quando há tolerância, eles crescem e prosperam, constituindo modelos para narcisos juniores que seguirão, lépidos, seus passos. Uma vez no topo, tornam-se mais difíceis de combater e se sentem desinibidos para exibir suas tendências.

Seu comportamento contrasta com o que as empresas saudáveis necessitam. Eles podem prejudicar o moral de seus subordinados, minar sua motivação, desviar sua energia de iniciativas importantes para a empresa e afastar os mais talentosos. Em posições de comando, sua gestão temerária pode levar ao desastre.

O conhecido Al Dunlap foi demitido de duas grandes empresas, na última delas acusado de fraudes contábeis. Isso não evitou que duas outras grandes companhias o contratassem. Seu livro-testemunho, lançado em 1997, ganhou significativo subtítulo: "Como eu salvei empresas ruins e tornei boas empresas grandiosas." Dois anos depois, John Byrne, um jornalista, lançou *Chain Saw* (Serra Elétrica): a notória carreira de Al Dunlap na era do lucro a qualquer preço.

Além de mito grego e nome de patologia organizacional, narciso é também uma flor. Como bem definiu Murray Stein, é bonita e inútil, estéril e venenosa. Dona de perfume soporífero, é carente de virtudes e tem vida breve.

NA MEIA-IDADE, A CRISE!

HOMENS AVANÇANDO PELA QUARTA DÉCADA DE EXISTÊNCIA DESENVOLVEM EXÓTICOS COMPORTAMENTOS. NAS EMPRESAS, AÇÕES DE ADAPTAÇÃO PODEM SER NECESSÁRIAS.

A crise da meia-idade é ao mesmo tempo um ritual e uma instituição. E certamente não é uma exclusividade masculina. Porém, a presença — por hora dominante — de homens no topo das empresas pode gerar impactos consideráveis. Na edição de março de 2002 da revista *The Atlantic Monthly*, David Brooks afirma que o mais importante é escolher o tipo de crise. Segundo o colunista, dois caminhos alternativos são possíveis: a busca espiritual *new age* ou a compulsão materialista vulgar. Para as empresas, cada um desses caminhos implica ações específicas de adequação.

A busca espiritual *new age* é adotada por quarentões que apreciam técnicas de autoconhecimento realizadas sem sapatos. É adequada para aqueles que procuram suas harmonias interiores, e ao mesmo tempo assunto para monólogos de auto-adoração diante de vítimas embevecidas. O caminho começa nas seções de auto-ajuda das livrarias. Continua com práticas de meditação e excursões a São Tomé das Letras, e atinge seu ápice quando os livros de esoterismo começam a parecer inteligentes. Acoplar um vistoso rabo-de-cavalo ao teto de esparsa penugem e cultivar um olhar vago e reflexivo são complementos naturais.

Nas empresas onde os executivos *new age* são maioria, algumas providências imediatas deverão ser tomadas: primeiro, os ternos devem ser trocados por batas indianas. Aquele pôster do John Lennon, usado nos tempos de faculdade como alvo para lançamento de dardos, deve ser ressuscitado e ter lugar de destaque na sala de reuniões. Nos elevadores, somente Enya e Yanni devem ser ouvidos. Em qualquer ambiente, das latrinas gerenciais ao armazém de produtos acabados, o aroma de incenso deve estar presente. O refeitório, reconstruído em forma de pirâmide, deve servir exclusivamente pratos à base de arroz integral e tofu. Adicionalmente, todo encontro de formulação estratégica passará a ser "holístico" e o organograma passará a ter, no lugar de cargos e funções, chacras e auras. Os relatórios mensais de desempenho conterão mensagens psicografadas por grandes "pensadores" do *management* (!) e as reuniões de desempenho serão abertas com a leitura de passagens de Hermann Hesse, Stephen Covey e Roberto Shiniashiki.

A compulsão materialista vulgar é a segunda alternativa para a crise de meia-idade. É adotada por homens que somente aos 40 anos conseguiram o dinheiro e o *status* para fazer o que sonhavam quando eram jovens, desengonçados e pobres. O gatilho da crise geralmente é a percepção que até agora eles estavam egoisticamente focados em suas carreiras. Doravante, eles serão egoisticamente focados em seu prazer. O hedonista de meia-idade cultuará relógios de marca, roupas de grife, restaurantes da moda, carros vistosos e companhias de vida tranqüila e conversa fácil. Seu mantra: "O dinheiro pode comprar a felicidade."

Nas empresas habitadas por adeptos do materialismo vulgar, também algumas providências imediatas deverão ser tomadas. A primeira é estabelecer convênios com as lojas Ermenegildo Zegna, Armani e Daslu. Tudo o mais seguirá esta mudança filosófica primordial. Como complemento, os planos de desenvolvimento gerencial passarão a incluir a apreciação de vinhos e charutos, além de *workshops* sobre banheiras Jacuzzi. A sala de reuniões da diretoria deverá ser adornada com pôsteres de grandes personagens da história da humanidade: Jack Welch, Donald Trump e Jeffrey Skilling. A exemplo dos quartos de motel, o teto receberá um espelho magistral. Em paralelo, um sofisticado sistema informatizado, capaz de simular clones, permitirá que os diretores façam reuniões consigo mesmo, atenuando assim conflitos entre egos inflados. No estacionamento, lugar de destaque será reservado para Harleys e Goldwings. Complementarmente, as reuniões anuais de planejamento estratégico passarão a ser realizadas no Castelo de Caras e as convenções de vendas em Las Vegas. Coroando as mudanças, Marshall Sylver (o autor do seminal *Lucro, paixão e poder*), será contratado como guru de estratégia.

A meia-idade é para os homens um período de dura transição. Mas como crise é igual à oportunidade, em tempos de gestão pirotécnica a passagem dos executivos pela quarta década poderá constituir importante fator de avanço para a gestão das empresas.

O ALMOÇO DE NEGÓCIOS

À MESA, EVOLUI UM CURIOSO RITUAL. BEBIDAS E ALIMENTOS TORNAM-SE COADJUVANTES. HAVERÁ, AO FINAL, LUGAR PARA A DIGESTÃO?

Tal qual um palco de teatro, os restaurantes da preferência de executivos e aspirantes se preparam no final de cada manhã para uma conhecida encenação: o almoço de negócios. O *menu* requintado, o vinho sofisticado e a água importada: tudo isso é necessário, porém não suficiente. O mais importante é o ritual, no qual os atores ocupam papéis precisos e perseguem com controlada descontração desfechos predeterminados.

Os mais críticos denunciam que nem o café da manhã é mais respeitado. Os negócios invadiram até a hora do mamão *papaya*. Na outra ponta do dia, os jantares parecem ter ficado reservados para o coroamento de grandes empreendimentos. Mas o almoço continua imbatível como ritual: o momento da verdade para o flerte, a aproximação e quiçá a cópula empresarial, seguida pelo impagável gozo do negócio fechado. E tudo isso acontecendo em público, sob os olhares atentos de *maîtres*, garçons e outros comensais. Puro *voyeurismo* pós-moderno.

O almoço já foi pausa bem-vinda no meio da jornada de trabalho. Mas isso é coisa do passado. Hoje, qualquer tempo livre deve ser ocupado produtivamente. Do trajeto no táxi à espera no aeroporto, nada escapa das pressões produtivas. Começamos encurtando o almoço, e a digestão, até brincar com os limites da gastrite. Não contentes, ocupamo-lo com discussões sobre vendas em consignação, projetos em gestação e, principalmente, carreiras em ascensão.

Não é surpresa que o tema tenha despertado a curiosidade científica de dois professores de administração, Carlos Cabral-Cardoso e Miguel Pina e Cunha, que decidiram tomar o assunto a sério e investigá-lo. Segundo os pesquisadores, o ritual do almoço de negócios mistura procedimentos formais e informais. Num almoço de negócios, existe sempre um objetivo: vender ou comprar algo (ou alguém), ou obter alguma vantagem. As palavras-chave são quebrar o gelo, aproximar, criar o ambiente e abrir as portas. Teoricamente, o almoço de negócios ajuda a estabelecer contatos e construir laços de confiança.

Dentro da empresa, os papéis são mais definidos e rígidos, e os executivos procuram desempenhá-los à altura. Afinal, ninguém quer colocar a carreira e o pescoço em risco. O almoço de negócios funciona como uma possibilidade para desempenhar papéis alternativos, embora também limitados por convenções.

Os almoços de negócios são também ocasiões para discutir negócios dúbios, trocar informações sigilosas e falar de temas que não poderiam ser tratados abertamente. Houvesse escuta em certos restaurantes, muito se revelaria sobre a natureza limitada da concorrência em terras tupiniquins e sobre os bastidores de grandes negócios.

Em essência, o almoço de negócios é um ritual teatral, uma cerimônia na qual os atores desempenham papéis, seguindo *scripts* rigorosos. Observar a etiqueta é essencial. Um erro pode desencadear reações negativas e matar no nascedouro uma oportunidade de negócio. Não é à toa que executivos consomem tantos livros e revistas de auto-ajuda. Também é preciso cuidado para não confundir almoço de negócios com diversão. Afinal, estamos no reino da informalidade artificial.

Como o *script* é fundamental, muitos comensais prepararam o que vão falar com antecedência, para que pareça "espontâneo". Como regra geral, a conversa sobre negócios deve vir no final, depois das introduções costumeiras sobre família, crianças e eleições. Mas é preciso cuidado para não falar do tio preso por estelionato ou da prima esquizofrênica. *Hobbies* também são bem-vindos, desde que socialmente aceitos e politicamente corretos: rinhas de galo devem portanto ser omitidas. Além da etiqueta e do *script*, o cenário também conta pontos. Um restaurante elegante, onde o anfitrião é conhecido, pode sinalizar poder e *status*.

Convidados a comentar o tema, alguns executivos confidenciaram a este escriba ser para eles o almoço de negócios um pesadelo gastronômico: eles comem o que não querem, em lugares que nunca freqüentariam, com gente que não se relacionariam e mantêm conversas que prefeririam não ter. Enfim: um longo momento de tensão, onde cada palavra precisa ser medida. Efeitos prováveis: indigestão no curto prazo e úlcera no médio prazo. Mas não há por que se preocupar: como afirmava o conhecido economista, no longo prazo estaremos todos mortos.

Pizza de rúcula

Tomate seco, mussarela de búfala e pizza de rúcula são os equivalentes gastronômicos de livros de trash management, executivos heróis e incontinência verbal. Todos são insuportáveis.

Márcio Alemão, colunista da seção "Refogado" de *CartaCapital*, certa vez desabafou em seu espaço gastronômico: "Para mim, deu! Chega de tomate seco, mussarela de búfala, *aceto* balsâmico de Modena, bufê de churrascaria e pizza de rúcula!" Meu esôfago respondeu em uníssono. Meu estômago fez coro. A mesmice culinária, transformada em praga, invade de tempos em tempos os restaurantes e vitima os comensais. É claro que a inocência da vítima é questionável. Sem sua cumplicidade, a endemia não se transformaria em epidemia.

Da lista, um item me arrepiou: a pizza de rúcula. A pizza é um mal necessário, e deve ser usado com comedimento em situações de emergência. Já o terrível vegetal conta com minha antipatia há anos, seja plantado sobre a camada de queijo da pizza ou em qualquer outra apresentação. Minha primeira experiência com a maligna hortaliça perdeu-se no tempo: posso tê-la confundido com um inocente agrião, ou então a mastiguei entre confiáveis folhas de alface. A reação ficou definitivamente gravada no departamento de experiências culinárias traumáticas, junto às intoxicações por camarão, e até hoje permanece: tão logo o gosto do temível vegetal é percebido a mastigação trava, a mente obscurece e o corpo parece coordenar uma ação sumária de expulsão.

No mundinho *fashion* corporativo, muitas são as pizzas de rúcula. Houvesse um "troféu pizza de rúcula", este seria disputado entre fortes candidatos.

Na categoria "rúcula literária", haveria uma dura disputa entre Spencer Johnson, o autor de um livro sobre ratos chamado *Quem mexeu no meu queijo?*, e Jack Welch, também conhecido como Neutron Jack, pela forma como reestruturou a General Electric. *Quem mexeu no meu queijo* caiu nas graças de executivos e aspirantes. Prova cabal da infantilização do mundo corporativo, virou presença permanente nas listas de *best-sellers*. Já o grande timoneiro da General Electric, o executivo do século, talvez levasse vantagem por poder ser encontrado em pelo menos uma dezena de volumes, incluindo sua biografia *Jack definitivo*.

Welch virou uma celebridade, *habitué* de entrevistas e capas de revistas. Duas delas, publicadas pela revista britânica *The Economist*, mostram o esgotamento da paciência com o personagem. Na primeira, publicada há um ou dois anos, Welch estrelava o gerente revolucionário, com uma boina Che Guevara sob um fundo vermelho (sem comentários!). Na segunda, mais recente, Welch é um ídolo caído, um Lenin de mármore tombado no chão. Motivo da derrocada: ganhos pessoais astronômicos contrastando com a queda no valor da empresa. Welch é uma aposta certa: se não ganhar na categoria "rúcula literária", leva na categoria "rúcula celebridade", destinada aos insuportáveis gerentes heróis.

Na categoria "rúcula de ficção", o prêmio iria certamente para as revistas de negócios e suas inverossímeis, e mui lidas, histórias de sucesso. Um dia é o aplicado Carlos Ghosn, travestido de Nacional Kid, salvando a Nissan. Noutro é o cavaleiro armado Lou Gerstner, livrando a IBM de sua cultura organizacional anacrônica. Ótimo para quem ainda precisa de contos de fadas para dar sentido à vida.

Na "rúcula de consultoria", o prêmio iria sem dúvida para os consultores de tecnologia da informação. Quem ainda consegue aturar sua retórica incendiária? O estridente "adote ou morra" que surge a cada novidade. Não é por nada que os novos *softwares* são chamados de *vaporware*, puro vapor. Mas enquanto houver platéia, o *show* deve continuar.

Na categoria "rúcula de incontinência verbal", o premiado seria provavelmente Kenneth Lay, o ex-CEO da Enron, uma empresa gigante que afundou num escândalo sem precedentes, levando investidores, funcionários e auditores. Foi da boca do próprio que brotou a magnífica peça de retórica: *"...nós colocamos a força de caráter em primeiro plano. Como qualquer empresa bem-sucedida, nós devemos ter diretores que primam pela correção, que não têm agendas escondidas, e que pautam suas decisões pelo que é melhor para a empresa e não pelo que é melhor para eles mesmos ou para outros grupos de interesse."*

Finalmente, o prêmio *"grand* rúcula" vai para o sucesso. Isso mesmo. Nada mais intragável que esta palavrinha besta. Quem agüenta mais?

3

Tipos inesquecíveis

"A consciência é aquela voz interior que nos adverte de que alguém pode estar olhando."

H. L. Mencken

Mr. Lay e Mr. Kane

Em 1941, um jovem artista americano fazia inimigos com um filme sobre a ascensão e queda de um império corporativo; 60 anos depois, a farsa se repete como história.

A fala é de John McCain, senador republicano pelo Arizona, em sessão do Comitê de Comércio, Ciência e Transporte do Senado americano, reproduzida pelo *New York Times*: "*Num discurso realizado em 6 de abril de 1999, numa conferência patrocinada pelo Centro de Ética nos Negócios, com o título de 'Governança corporativa: ética no conselho diretor', o Sr. Lay descreveu as qualidades que ele exige de um membro do conselho diretor. Disse ele: 'Não é por acaso que nós colocamos a força de caráter em primeiro plano. Como qualquer empresa bem-sucedida, nós devemos ter diretores que primam pela correção, que não têm agendas escondidas, e que pautam suas decisões pelo que é melhor para a empresa e não pelo que é melhor para eles mesmos ou para outros grupos de interesse.' Mais à frente ele declarou:*

'Uma vez que este conselho diretor está funcionando, o que um CEO e em especial este CEO espera destes corretos, sábios e experimentados diretores? Novamente, nossos princípios de governança corporativa são simples e diretos. A responsabilidade do nosso conselho diretor, a responsabilidade que nós esperamos que eles preencham, é assegurar que a empresa e todos na empresa tenham uma conduta ética e legal.'"

Para quem ainda não adivinhou, o interlocutor do Senador McCain é Kenneth L. Lay, ex-CEO da Enron, a empresa envolvida no maior escândalo da história corporativa recente dos Estados Unidos. O desastre gera impactos que ainda estão sendo avaliados na vida política e empresarial americana. O gigante do setor de energia afundou levando investidores e funcionários, e arruinando a aposentadoria de milhares de crédulos investidores de fundos de pensão. Misteriosamente, ou nem tanto, alguns executivos escaparam ilesos da catástrofe.

A "performance" de Kenneth L. Lay lembra aquela de um famoso "herói" do cinema: John Foster Kane. *Cidadão Kane*, dirigido em 1941 por Orson Welles, registra a ascensão e queda do polêmico personagem: a infância pobre, a carreira vertiginosa e a derrocada. A obra de Welles pode ser considerada uma fábula para o mundo dos negócios contemporâneo, uma fábula sobre os riscos do afastamento entre discurso e prática.

O filme e seu diretor tiveram trajetórias atribuladas. Louis B. Meyer, da MGM, chegou a fazer a RKO uma oferta para que o filme fosse destruído: Kane parecia demais com William Randolph Hearst, um magnata da mídia. A RKO não aceitou a oferta, mas o filme teve uma carreira irregular, sofrendo o boicote dos grandes estúdios e exibidores.

Em 60 anos, a obra gerou inúmeros artigos e livros. Alguns especialistas a qualificam como "uma tragédia clássica passada no século XX", com elementos do sistema de Aristóteles. A trajetória de Kane é a construção de um personagem ilusório, uma *persona* pública baseada em uma equação que iguala sucesso e grandeza pessoal. Aliás, uma equação nada estranha ao mundo corporativo atual.

O culto da imagem é fundamental em *Cidadão Kane*. Isto se revela especialmente nas seqüências em que Kane está construindo seu império jornalístico. Quando lança o *Inquirer,* ele publica na primeira página uma declaração de princípios, na qual proclama suas duas grandes metas como editor: "contar todas as notícias honestamente" e "ser um lutador incansável pelos direitos dos cidadãos".

A reviravolta ocorre durante a campanha eleitoral (Kane se candidata a um cargo público), quando os jornais concorrentes noticiam um escândalo em torno de sua vida particular: a relação que Kane mantinha com uma cantora. É o início do fim. Kane morre abandonado, cercado por símbolos de grandeza e poder.

Em 2001, este escriba publicou um livro com o título *Organizações espetaculares*. Alguns leitores acreditaram que a obra tratava de empresas de performance fabulosa. Não se enganaram totalmente. Porém, a performance em questão não se referia a faturamento, *market-share* e lucros, mas à excepcional "capacidade teatral" das organizações. Ao concluir o livro, a Enron era uma das mais valiosas empresas do mundo. Tivesse este autor aguardado mais um pouco, teria a ilustração ideal para sua tese. Mr. Kane está no livro. Mr. Lay talvez entre numa próxima edição. Pelo andar da carruagem, não virá sozinho.

QUASE, QUASE FAMOSO!

*UMA HISTÓRIA SINGULAR
DA VIDA ACADÊMICA TUPINIQUIM:
UM IMPROVÁVEL PERSONAGEM LUTA
PELO RECONHECIMENTO
E PELA FAMA.*

Para alguns eleitos a vida acadêmica é um oásis de sombra e água fresca, a salvo da vida real: pouco trabalho, longas férias e freqüentes greves. Aqui e ali, talentos limitados entregam-se às lides burocráticas, fazendo turismo acadêmico e medindo produção científica em quilos. Lá e acolá, os mais rápidos envolvem-se nos lucrativos negócios da educação, lotando salas e multiplicando cursos.

É este lodo pantanoso que germinou uma criatura imaginosa e singular, um personagem fictício inato, ao qual poucos atestariam existência. Entretanto, ele segue falante e enigmaticamente real, expondo com seus excessos a vida no pântano. Neste texto, por prudência e discrição, vamos chamá-lo de Professor Doutor Laslo, ou P.D. Laslo, para facilitar. Qualquer semelhança com professores doutores de conhecidas escolas de administração é mera coincidência, ou não.

Deparei-me pela primeira vez com P.D. Laslo entre o final dos anos 80 e início dos 90. Era um dia especial: data de sua defesa de tese, ou quase isso. Explico: a banca, com acadêmicos de cinco estrelas de quatro estados, em unânime decisão, aponta que aqueles três tomos (denominados "a tese") não dariam ao postulante acesso ao panteão dos doutos iluminados. Corte do terror para o suspense. Enquanto isso, num pequeno auditório, a claque convidada, alguma imprensa e curiosos aguardam. Corte do suspense para o terror. Ao saber da decisão, P.D. Laslo reclama, rosna e ameaça: a banca e a instituição seriam dizimadas, advogados e outras forças infernais não deixariam pedra sobre pedra. Irredutíveis, os cinco estrelas dos quatro estados batem o pé: nada de defesa!

Enquanto no palco a tragicomédia se desenrola, nos bastidores este escriba debruça-se sobre os três tomos da discórdia. Mais de 1.000 páginas: um excesso mesmo para uma tese de doutorado. Coisa de gênio ou de louco. A costura é alucinante, parecendo obra psicografada por um Jackson Pollock alcoolizado, incorporando Edgar Morin, Peter Drucker e Lair Ribeiro, simultaneamente! Os temas são grandiosos: o homem, a informática, o sentido da vida e muito mais. Em suma: algo capaz de substituir com vantagens a filosofia clássica e a ciência contemporânea. Entre os fragmentos do discurso psicótico, textos publicados pelo autor em grandes jornais ("Perfilem-se, mortais, o quarto poder já reconheceu minha existência!"). Corte da realidade para a ficção. Acossado, P.D. Laslo recusa a derrota: segue para o pequeno auditório e declama sua versão: "A banca, apesar de concentrada em experiência e sabedoria, precisará de mais tempo para examinar material de tão absoluta intensidade." Atencioso e loquaz, brinda os presentes com sua genialidade. Consta que foi ovacionado. Descem as cortinas.

Corte do passado para o presente. Dez anos depois, nas ondas do penico virtual ressurge o personagem. A mensagem eletrônica começa com uma versão de "moça de fino trato...". Vem assim: "Professor Doutor oferece-se para aula magna, palestras, orientação e PDI." Mas o que será um PDI? Seguem livros, fatos e feitos do polivalente personagem. O autor é profícuo. Ecos da malograda tese brotam aqui e ali: a tecnologia da informação, o novo executivo, organização e métodos, o sentido da vida e mais, muito mais. E como convém a um acadêmico respeitável e exemplar, está tudo bem registrado na Plataforma Lattes (uma espécie de arquivo morto da ciência de Pindorama).

Ao estrelato local adiciona-se o reconhecimento internacional. Instituições e pupilos vêm de cinco estados e dois continentes. Num *site* pessoal, a sabedoria do personagem vem em "acrônimos, siglas e mnemônicos". Tudo isso visando a "transversalidade". Mais claro, impossível! Como todo candidato a guru, este também fala por metáforas e esbanja soluções e conselhos. Um dos serviços oferecidos "volta-se a palestras e orientações em planejamento filosófico, estratégico, tático e operacional". E não falta um importante complemento: "uma pesquisa final da práxis glocal". Heráclito, cuide-se!

Entre o delírio e o charlatanismo involuntário, P.D. Laslo representa toda uma classe de criaturas. Eles estão lá, imersos na academia. Vez por outra emergem. Chegará P.D. Laslo aos pináculos da glória? No caminho ele já está; e não é difícil imaginá-lo ao lado de outros personagens ilustres, como o Professor Marins ou Leila Navarro. Mas por hora, ele é apenas quase, quase famoso.

Vampiros de almas

Um segundo Bush prepara-se para dominar o mundo. Suas armas: a cultura popular e a maior rede de distribuição de água açucarada do planeta.

Nos anos verde-oliva, a vida universitária seguia roteiro de certa rigidez: vinhos de São Roque, barbichas ralas e camisetas do Che. Nos centros acadêmicos, as posições se polarizavam: uns defendiam o modelo albanês, outros um maoísmo tropicalizado. Mas num ponto todos os "revolucionários" concordavam: nada de Coca-Cola! O símbolo corruptor do imperialismo deveria ser combatido sem tréguas. Na ausência de causas maiores, cortar o refrigerante já ajudava.

A empresa e seus detratores sempre geraram teorias conspiratórias. Agora, é o próprio presidente da empresa, Steve Heyer, que alimenta polêmicas. Num discurso a profissionais de mídia, o executivo fez eco ao texano de Washington. Seu *global master plan* é uma daquelas peças construídas com zelo por *ghost-writers* e interpretadas com pompa por altos executivos: cheias de significados e vazias de sentido. O que Heyer propôs foi "questionar os pressupostos e reengenheirar os modelos". Provocativo, eletrizante, revolucionário: os deslumbrados não pouparam adjetivos.

Qual o grande plano de dominação mundial de Heyer? Uma grande aliança entre a megaempresa e todas as forças da mídia. Objetivo: os corações, as mentes e os bolsos dos consumidores. Seus *slogans*: despertar emoções, criar conexões e explorar o "capital emocional" (*sic*). Via de acesso: a cultura popular. Segundo o executivo, não há no mundo rede mais poderosa que a Coca-Cola Company. Tal condição, sem paralelo, garante a presença em tudo que acontece de mais importante: festas infantis, olimpíadas, parques temáticos, universidades, cinemas; nada escapa. Porém, alerta Heyer, tudo isso é apenas uma lista se as conexões não forem ativadas para gerar negócios. Aí entra Hollywood e seu poder de criar tendências e influenciar comportamentos.

Transformar manifestações culturais em embalagens de refrigerante pode ser arriscado, pode provocar antipatia e imunizar os consumidores. Talvez os executivos não devessem estar tão interessados em usar a cultura popular para efeitos de lavagem cerebral e para envenenar a humanidade, escreveu um crítico de Stanford. Heyer parece esperto e loquaz, mas talvez seja simplesmente irresponsável. E não é o único. Seu discurso é uma colagem de tendências já detectadas, com destaque para a associação entre negócios e entretenimento e os ataques contra a privacidade.

Diz o mantra que vivemos na "era da experiência". Teatro de serviços e cenários temáticos são termos cada vez mais comuns nas empresas. A situação influencia a venda. Caprice no cenário e confira o fluxo de caixa. Há anos lugares *kitsch* como Planet Hollywood e Planet Nike investem no décor para aumentar as vendas. A prática se espalhou. Em Idaho, o Planet Honda usa música *new age* e uma fragrância desenvolvida por um "aromaterapeuta". No Texas, o Planet Ford celebra a entrega de chaves com luzes de flashes e efeitos especiais. Em Las Vegas, uma nova revenda Lexus promete massagistas e manicuras. A lista é longa.

Na retaguarda, empresas gastam milhões em projetos de CRM *(costumer relashionship management)*, acumulando informações sobre cada passo de seus clientes. Consultores se regalam, diretores de Tecnologia da Informação comemoram e mercadólogos festejam. Claro, quase nada funciona. Enquanto isso, em Harvard (a *alma mater* do MBA Bush), Gerald Zaltman, membro da Iniciativa Mente, Cérebro e Comportamento, vende um sofisticado método para entender os desejos inconscientes dos consumidores, com base em imagens e metáforas. Segundo o *New York Times*, Nestlé e Procter & Gamble testaram e aprovaram.

Aqui em Pindorama, nem a praia foi preservada. Neste verão, quem se arriscou a ir ao litoral, foi atacado por terra, mar e ar. Na areia, provavelmente disputou espaço com barraquinhas promocionais de fabricantes de chicletes. Se fugiu à frente, talvez tenha trombado com a ilhota móvel de *Caras* que uma revenda Audi montou. Nos ares, os monomotores de sempre, rebocando crimes imobiliários. É o inexorável avanço do mercado. Talvez seja o caso de chamar o Reverendo Billy, um excêntrico apóstolo anticonsumo, de Nova York, que advoga que os viciados em compras se deixam levar, amargando uma existência vazia, perdida numa névoa de desejos, compras e posse de objetos de necessidade remota. Billy talvez seja tão delirante quanto Heyer, ou não.

4

Embustes e fraudes

"O que é assaltar um banco, comparado com fundar um banco?"
Bertolt Brecht

Teatro arriscado

Tom Peters admitiu a fraude, a Enron afundou, e eu mesmo não estou me sentindo muito bem. O show da gestão deve continuar, mas a platéia parece já cansada dos seus excessos.

Neste início de milênio, as empresas tornaram-se universos etéreos, no qual o espetáculo é cultuado e os executivos usam as mais modernas técnicas teatrais. Líderes simbólicos, gurus gerenciais, modas e modismos gerenciais tornaram a gestão empresarial um mundo rico em imagens e pobre em substância.

Neste "fabuloso" teste, especialmente desenvolvido, nossos prezados leitores poderão verificar se trabalham numa empresa de gestão espetacular. Responda às perguntas, some 1 ponto para cada letra "A", 2 pontos para cada letra "B", 3 pontos para cada letra "C", e verifique sua pontuação no final.

1. Como você descreveria o presidente de sua empresa?

    ( ) A. Eficiente e *low-profile*.

    ( ) B. Um líder inspirado, mas que às vezes delira e acha que é Jack Welch.

    ( ) C. Uma estrela: mistura de Lee Iaccoca, Madonna e Gengis Khan.

2. Como se comportam os executivos nas reuniões de diretoria?

    ( ) A. De forma sóbria e discreta.

    ( ) C. São excessivamente bem humorados e espirituosos.

    ( ) B. Como as adolescentes dos bailes de debutantes de Juiz de Fora.

3. A empresa contrata serviços de relações públicas?

    ( ) A. Por aqui essas coisas são proibidas.

    ( ) B. Temos um profissional que presta serviços, mas só aparece nos *recalls* de produtos.

    ( ) C. Temos um ótimo relações públicas. Nada importante é decidido sem ouvir sua opinião.

4. Quais modas gerenciais foram implantadas na empresa: TQM, reengenharia, ERP, *e-business*?

    ( ) A. Só a primeira. Mas depois do fracasso todo mundo voltou ao trabalho sério.

    ( ) B. Todas, mas somente na fábrica e no contas a pagar.

    ( ) C. Todas essas e muitas outras.

5. Em sua empresa, o que você diria sobre o lançamento de um novo produto ou serviço?

   ( ) A. Todos os cuidados são tomados para que tudo funcione e o cliente fique satisfeito.

   ( ) B. A pressa às vezes é inimiga da perfeição. Mas, afinal, errar é humano!

   ( ) C. O importante mesmo é a festa de lançamento. Depois a gente corrige os problemas!

6. Quando foi a última vez que você ouviu a frase "precisamos mudar a cultura da empresa"?

   ( ) A. Na palestra de um consultor. E ninguém deu muita importância.

   ( ) B. Ano passado, na festa de confraternização, dita pelo diretor de RH.

   ( ) C. Na reunião semanal de diretoria. Aliás, eles falam isso todo o tempo.

7. O que os diretores da sua empresa pensam do Tom Peters?

   ( ) A. Quem?

   ( ) B. Um cara legal! Tem idéias interessantes sobre administração.

   ( ) C. Um gênio! Deveria ser presidente dos Estados Unidos ou secretário-geral da ONU.

8. Quantos funcionários leram o livro *Quem mexeu no meu queijo*?

( ) A. Nunca ouvi falar.

( ) B. Todo o pessoal de recursos humanos. E ficaram tocados com a profundidade da obra.

( ) C. Toda a diretoria. E distribuíram cópias para todos os gerentes.

9. Em sua empresa, quantas pessoas já fizeram o curso do Reinaldo Polito.

( ) A. Nunca ouvi falar.

( ) B. Todo o pessoal de vendas.

( ) C. Toda a diretoria, com forte recomendação do presidente.

10. Com que freqüência a empresa promove atividades do tipo *team-building*?

( ) A. Nunca, jamais, em tempo algum!

( ) C. Quando entra um novo diretor de RH.

( ) B. Depois das olimpíadas e das copas do mundo.

Até 10 pontos: Sorte sua! Sua organização não tem gestão espetacular.

De 10 a 20 pontos: Cuidado! Sua organização pode estar em processo acelerado de adoção da gestão espetacular.

Mais de 20 pontos: Condolências! Você trabalha numa empresa de gestão espetacular. Duas alternativas: tente a sorte abrindo uma pousada no sul da Bahia ou faça logo um MBA de marketing e assine uma revista de auto-ajuda.

Espírito da época

Durante alguns anos, a Enron foi exemplo de renovação do tradicional setor de energia. Sua espetacular derrocada afundou seus auditores e lançou sombras sobre o governo americano.

Quem, em 2001, passou algum tempo longe dos jornais, provavelmente deve ter se espantado com a troca de manchetes na mídia internacional: saiu o Afeganistão, entrou a Enron. Antes da crise, a empresa era uma das maiores e mais valiosas do mundo. De um dia para o outro se transformou no maior caso de falência da história americana. Além de provocar o naufrágio de funcionários, acionistas e investidores de fundos de pensão (aquelas simpáticas velhinhas da Flórida), levou junto a Andersen (responsável pela auditoria da empresa). De quebra, espalhou detritos por toda Washington.

Este escriba tomou conhecimento da existência da Enron por meio de uma matéria publicada na revista britânica *The Economist*: junto com a Merryl Linch, a Siemens e a General Electric, a empresa era citada como exemplo de inovação e estratégia bem-sucedida na Era Digital. Como diriam os gurus empresariais: a Enron quebrou paradigmas e tornou-se um novo *benchmarking* para toda a indústria. Meu (inocente) entusiasmo foi transmitido a alguns alunos da FGV de São Paulo, que chegaram a estudar o inovador modelo de gestão da empresa. *Mea culpa!* Sinto-me agora como um *Aedes aegypti* corporativo.

Mas o que fazia a Enron? Simples: comercializava energia. Agora, some-se a isso complexas manobras financeiras, diversos truques contábeis, variadas pirotecnias na comunicação com o público e surge uma empresa da "nova economia", ou um Titanic, ou ambos. Quando a empresa foi criada, gás natural e eletricidade eram produzidos, transportados (ou transmitidos) e vendidos por monopólios controlados pelo Estado. A Enron aproveitou a desregulamentação do setor e usou a mágica de Wall Street para transformar energia em produtos financeiros. Segundo um amigo *expert* no tema, a Enron introduziu inovações importantes num setor tradicional, boas idéias que agora podem ser soterradas pela conduta temerária da empresa.

E quais foram as faltas? Seguindo prática comum entre grandes conglomerados, a Enron passou a diversificar e comercializar outros produtos e serviços. Em certos casos a estratégia funcionou, noutros não. Os sucessos apareciam nos balanços da empresa. Os fracassos eram "criativamente" escondidos. Enquanto as perdas se avolumavam, as ações continuavam valorizadas. Depois de algum tempo, o buraco ficou maior que a empresa e já não era possível ocultá-lo. Manobras de última hora foram tentadas: ajuda do governo norte-americano, fusão com outras empresas etc. Mas o rombo era grande demais. As acusações sobre os dirigentes da empresa são as mais diversas: fraude na contabilidade, uso de informações privilegiadas, destruição de documentos e outros crimes.

Porém, é essencial entender a ambigüidade da situação. Em seu auge, a Enron representava o melhor e o pior do espírito da época. Era inovadora, rápida e orientada para o mercado. Seguia à risca a cartilha de gestão dos anos 90, que induzia as empresas a se desfazer de ativos "fora de moda", como as instalações industriais, e se concentrar em marca, imagem, serviços e produtos financeiros. Com a inovação, veio uma cultura corporativa de cassino. No limite, este ideário levou à busca de grandes jogadas, armações financeiras "criativas" e nem sempre previstas nos "antiquados" controles legais.

A esta altura, muita gente deve estar perguntando: afinal, para que servem os auditores? A Andersen não deveria ter garantido a integridade das contas da Enron?

Durante muitos anos, o símbolo da Andersen foi uma pesada porta de madeira, que representava consistência, sigilo e confiança. Há alguns anos, a imagem foi trocada por uma laranja! Meses depois da crise, a empresa deixou de existir, absorvida em partes por seus concorrentes.

O que se assistiu foi uma verdadeira caça às bruxas. David Duncan, ex-sócio da Andersen responsável pela conta da Enron, acusado de destruir documentos relacionados ao caso, experimentou o calor do fogo. Em audiência no Congresso americano, ouviu pálido a acusação: "Sr. Duncan, a Enron roubou o banco, a Andersen forneceu o carro para a fuga e eles dizem que o senhor estava ao volante."

ZERO DE CONDUTA

CONCURSO AMERICANO VAI PREMIAR OS MELHORES CASOS DAS PIORES PRÁTICAS GERENCIAIS. NÃO FALTARÃO CANDIDATOS!

O título é sugestivo: "The dark side". Lançado com o apoio da prestigiosa Academy of Management americana, este concurso de casos foge do lugar-comum das histórias de sucesso e *best practices* e promete contrapor doses de vida real ao mundo encantado do *management*.

As bibliotecas das escolas de negócios estão sempre abarrotadas de casos de sucesso. Situações do cotidiano são mais difíceis de achar. Escândalos e más práticas gerenciais são raros. Porém, advogam os organizadores, é possível aprender com "o lado negro" da vida corporativa.

Depois de décadas cultivando uma imagem cor-de-rosa do *management*, o *establishment* americano sinaliza visões mais críticas. Não faltam motivos: Enron, Merryl Linch, WordCom, Global Crossing, Xerox; a lista de escândalos não pára de crescer. Segundo o semanário *The Economist*, quase 1.000 empresas americanas reviram seus lucros desde 1997, admitindo ter publicado informações "incorretas".

Não é a primeira ressaca ética na história recente da América corporativa. Nos anos 80, a especulação no mercado financeiro ajudou a fazer florescer consultorias e cursos de ética, tema rapidamente transformado em modismo gerencial. Mas a ressaca atual é diferente, caudatária da "exuberância irracional", da nova economia (*sic*), do culto do sucesso e outros delírios.

Eugene White, da Universidade Rutgers, citado em artigo do *Washington Post*, afirma que durante o período de euforia de um *boom* econômico, o aumento dos lucros e do valor das ações pode mascarar problemas financeiros. Os executivos então aceleram a máquina, acreditando que deixarão os problemas para trás. Mais longo o *boom*, mais eles se sentem seguros e arriscam. Afinal, a possibilidade de ficar rico parece bem maior que a chance de ser pego numa manobra ilícita.

Jeffrey Garten, da Universidade de Yale, citado pelo mesmo jornal, diz que não há ninguém na comunidade empresarial que não esteja implicado de alguma forma na crise atual: executivos, analistas financeiros e contadores são todos culpados. O sistema de remuneração dos executivos também não ajuda, pois incentiva o foco no curto prazo e a manipulação.

Para Garten, nem os programas de MBA escapam, acusados de induzir comportamentos pouco éticos. Sintomático: uma "top 10" veiculou durante bom tempo anúncio no qual se gabava de "escrever as regras da nova economia". De fato, algumas escolas de negócios americanas divulgam em seus folhetos que promovem uma experiência transformadora, que proporcionam aos seus alunos lições de vida e ferramentas para a construção do futuro. Resta saber se entre estas ferramentas estão dispositivos como a "contabilidade criativa" usada na Enron.

Para alguns críticos, os programas de MBA fornecem o mapa mental por trás da crise atual. Os resultados de uma pesquisa do ISIB, uma organização sem fins lucrativos, sobre as atitudes dos estudantes de MBA, fazem eco a estas preocupações. Segundo a pesquisa, os noviços têm visões idealistas sobre o futuro: querem pôr os conhecimentos adquiridos a serviço da comunidade e dos consumidores. Quando se graduam, entretanto, a prioridade passa a ser aumentar o valor das ações de suas empresas. Entre os quase 2.000 formandos pesquisados, apenas 25% colocaram a criação de valor para a comunidade e exíguos 5% citaram a melhoria do meio ambiente como prioridades.

O que está em jogo é mais que a sorte de investidores arruinados e funcionários demitidos, é a confiança no sistema capitalista. "Depois de ter vencido seus mais duros oponentes no século XX, será o capitalismo destruído pelos próprios capitalistas?", perguntou Kurt Eichenwald, em sua coluna no *New York Times*. Resposta: provavelmente não, já que a sobrevivência é mais lucrativa que a *débâcle*. Mas riscos de arranhões existem.

Em *Terra Brasilis* alguns professores de administração despudoradamente adotam a "esperteza" como "fundamento ético". Sintoma de uma sociedade de valores atrofiados e capital social minguado, suas artimanhas são recebidas com entusiasmo pelos estudantes. Seria o caso de abrir para casos tupiniquins a participação no concurso "The dark side"? Pelo que se conhece do Brasil corporativo, a disputa com os irmãos do norte seria acirrada.

Dilemas do lucro social

ÉTICA E RESPONSABILIDADE SOCIAL SÃO TEMAS QUENTES NAS AGENDAS CORPORATIVAS. A DISTÂNCIA ENTRE DISCURSO E PRÁTICA É GRANDE, MAS TODA MUDANÇA COMEÇA COM BOA DOSE DE HIPOCRISIA.

"Seja *top* antes dos 30", anuncia o cartaz. O ilustre palestrante orna a exuberância de sua trajetória com títulos acadêmicos e realizações empresariais. A grafia abusa da redundância: a quarta letra do primeiro nome — um prosaico "i" — surge esculpida com moedas; a última letra do sobrenome — um sinuoso "s" — é transformada num cifrão. Este administrador de sucesso está mais que capacitado a ensinar àqueles jovens o caminho do lucro e do poder.

As faculdades de administração, como outras escolas, são agentes de socialização. Além de métodos e ferramentas, os pupilos assimilam perspectivas e valores. A metamorfose é visível: entram calouros com bermudas, brincos e chinelos; saem executivos com ternos, celulares e *notebooks*. À mudança física corresponde uma mudança comportamental: o conservadorismo e o pragmatismo dos jovens *outputs* é notável.

Uma pesquisa realizada pelo Aspen Institute com MBAs americanos revela os contornos da mudança. Durante o curso, cresce o foco na lucratividade e no valor das ações; em paralelo, diminui o foco no consumidor e nos serviços. Igualmente significativos são os baixos níveis de prioridade dados para as melhorias do meio ambiente e da comunidade. Os mais alarmistas talvez vejam uma "geração Enron" em formação. Os resultados contrastam com o discurso das próprias escolas, que afirmam enfatizar os estudos de ética e responsabilidade social. Será que os estudantes não estão aprendendo o que é ensinado? Ou será que, na disputa por prioridades, estes temas ficam em segundo plano?

O debate é cheio de matizes. Para muitos, o conceito de ética nos negócios é uma contradição em termos. O influente economista Milton Friedman costumava afirmar que a única responsabilidade social dos negócios é gerar lucros. O argumento pode ser desenvolvido: quando as empresas se afastam desta sua "missão natural" e procuram atender requisitos de responsabilidade social, ética e meio ambiente, geram custos mais altos e prejudicam a si mesmas, aos consumidores e à sociedade. Adiciona-se aí uma questão de sobrevivência: em ambientes hipercompetitivos, poderão as empresas se "dar ao luxo" de fabricar "produtos verdes" e bancar programas sociais? Se a empresa falhar, o que acontecerá aos seus funcionários, famílias e comunidades? Por outro lado, dada a situação de caos social e guerra civil no Brasil, pode qualquer agente organizado abster-se da ação comunitária?

A pressão das comunidades e das ONGs e o receio de processos legais são fortes motivadores para ações de ética e responsabilidade social. Num meio cada vez mais sensível à imagem, o medo de ter a marca associada a desastres ecológicos e escândalos faz com que muitas empresas dêem prioridade às questões de ética e responsabilidade social. Embora o objetivo seja polir a imagem, o benefício social pode ser real.

Em muitos casos, o esforço compensa: controlar a poluição quase sempre leva a reduzir custos, melhorar as condições de trabalho quase sempre leva a aumentos de produtividade, valorizar clientes e apoiar a comunidade quase sempre traz ganhos para a imagem. Então, a solução do conflito entre comportamento ético e interesse econômico pode ser mais simples que se pensa. De fato, muitos estudiosos afirmam a existência de uma correlação positiva entre ética nos negócios e lucratividade.

No Brasil, o livro não escrito do comportamento corporativo certamente rivalizaria com os *best-sellers* policiais e as histórias de espiões. Corromper e ser corrompido faz parte da rotina: das pequenas trocas de favores aos grandes esquemas, as práticas são consideradas naturais (!) e hoje convivem com as declarações de princípios éticos sem constrangimento.

Contradições e ambigüidades à parte, fato é que ética e responsabilidade social estão em voga. O movimento criou uma verdadeira indústria, com consultores, revistas especializadas, livros e conferências. Quase toda grande empresa tem hoje uma declaração de princípios éticos, eventualmente de caráter decorativo. O problema é que elas expressam princípios gerais e vagos, pouco úteis para orientar os dilemas que os executivos enfrentam no dia-a-dia. Mas toda mudança começa com boa dose de hipocrisia.

5

NO PÂNTANO DAS COMPETÊNCIAS

"Aos sete anos interrompi minha educação para ir à escola."

(Anônimo)

EDUCANDO?

*UM DIÁRIO RICO E RARO
MOSTRA O DIA-A-DIA DE
UMA ESCOLA DA PERIFERIA
BRASILEIRA. PARABÉNS
À AUTORA! PÊSAMES AO
RESTO DO PAÍS.*

"Aos sete anos interrompi minha educação para ir à escola." Li a frase há muitos anos. Já não me lembro ocasião ou autoria. Porém, sempre que penso em educação no Brasil, ela me vem naturalmente à mente. Minha (des)educação foi longa. Da escola básica à universidade, pouco recordo que tenha valido a pena. Mas nossos jovens cidadãos, que estão passando pelos bancos escolares, talvez tenham pior sorte que a minha.

A situação crítica da escola pública brasileira não é novidade. Uma escola próxima de casa é um ambiente de pura desolação: pichações e entulho fornecendo a moldura usual de abandono. No topo da pirâmide, as universidades cultivam mato e umbigos. Dentro e fora, os habitantes não parecem se importar. Agora vem a público a rara e rica narrativa da estudante Sandra da Luz Silva, que registrou em forma de diário um ano escolar na periferia de São Paulo. A divulgação veio pelo *site* do Instituto *Fernand Braudel* (http://www.braudel.org.br/). O estilo é econômico e direto.

O pano de fundo do diário de Sandra é a realidade da periferia brasileira: pais migrantes, trabalho informal, vida incerta e o desejo mítico de ver os filhos "formados". O diário começa com o ano letivo: *"As aulas começaram há seis dias, só que até agora nenhuma matéria foi dada. Como o horário das aulas ainda não foi definido, os alunos ficam nos corredores."* As faltas de professores se repetem por todo o período e quase desanimam a narradora. Mas ela segue firme até o final.

O cenário é desolador. O portão da frente é derrubado logo no início do ano letivo. Os corredores têm goteiras. Na sala de português, falta iluminação. No inverno, o vento frio entra pelas janelas e portas quebradas; os alunos se protegem como podem.

Em sala de aula, os estudantes parecem viajar por galáxias desconhecidas, cuja distância do sistema solar parece ser a mesma que os separa dos professores. São seres apáticos, impossíveis de atingir. Uns conversam sobre armas; talvez "para se exibir" (!), como reflete Sandra. O código de roupa é rígido: calça folgada, touca e camiseta larga. Os cigarros, mesmo os comuns, são tragados como quem fuma os "especiais", para dar o estilo. A vida segue: enquanto Luana, grávida de dois meses, e sem saber quem é o pai da criança, come "o bolo com todo gosto", o vizinho Ceariba (Ceará + Paraíba!) resume o sentido da vida: *"Eu prefiro roubar a usar droga, pelo menos roubando você ganha dinheiro e é respeitado, sem prejudicar sua saúde."* Outros têm perspectivas mais "sérias": querem ser cantores de pagode ou rap.

A guerra civil brasileira se reproduz na escola: professores, alunos e funcionários convivem com armas, bombas, vandalismo e principalmente indiferença. As situações de violência são parte da rotina. O Carlão quebra os dedos da namorada Dedeu depois de uma briga, mas ninguém intervém. Afinal, eles são assim mesmo! Dia após dia, bombas estouram nos banheiros e no pátio, abrindo buracos nas paredes. Mas as aulas continuam, como se nada tivesse acontecido.

Enquanto isso, no planeta dos professores, uma inexplicável fé tenta inutilmente mover montanhas: a professora de biologia escreve a lousa inteira e faz de tudo para chamar a atenção dos alunos: coreografias, gestos e mímica. Mas nada parece romper a letargia ancestral. Na aula de português, a professora insiste em falar de literatura. Ninguém presta atenção. Pior é a professora de química, "dominada" pelos alunos. O barulho é infernal: uns berram, outros batem na carteira, outros assoviam e xingam a professora.

Os estudantes brasileiros são analfabetos funcionais: não entendem o que lêem. O atestado foi passado pelo Programa Internacional de Avaliação de Alunos da OCDE (Organização para Cooperação e Desenvolvimento Econômico), que avaliou estudantes de 15 anos de 32 países. Sem saber ler, eles não conseguem elaborar seus sentimentos, compreender os outros e o mundo ao redor e agir criticamente em relação à sua própria realidade. Sem ler e entender, eles vão reproduzir, e talvez piorar, o que já é insuportável. Sandra terminou seu curso e não vai parar de estudar. Pode se tornar um caso incomum de mobilidade social. Seus colegas dificilmente escaparão da rota já iniciada.

Aula de *Big Business*

*A GLOBALIZAÇÃO DO ENSINO
DA ADMINISTRAÇÃO SEGUE EM
RITMO DE CORRIDA DO OURO:
LUCROS E QUALIDADE QUASE
SEMPRE DISTANTES.*

Nos Estados Unidos, pátria do *management*, as escolas de administração vivem momentos de convulsão. Sensíveis ao refluxo da economia e ao envolvimento de ex-alunos em escândalos financeiros, muitos professores já promovem um *mea culpa* coletivo. No Brasil, onde a história costuma se repetir com atraso e como farsa, a multiplicação de cursos segue em tom de exuberância irracional.

Enquanto isso, movimentos "globalizantes" são ensaiados no hemisfério norte, iniciativas que podem mudar o mapa. A internacionalização do ensino e a disseminação das idéias do *management* não são novidades. Começaram há décadas, com a reprodução de modelos americanos em países da Europa e da periferia. Em estágio mais recente, intensificaram-se as alianças e os programas conjuntos. Agora, parece ser a vez do ensino a distância. E vem com força, por mais que se prove que nem tudo que funciona ao norte do Rio Grande pode ser aplicado nos trópicos e noutras plagas remotas do planeta. Motivo: o "mercado" da educação superior fora dos Estados Unidos vale mais de US$100 bilhões por ano.

Matéria de Michael Arnone, veiculada pelo jornal eletrônico *The Chronicle of Higher Education,* analisa um caso exemplar: as iniciativas e percalços do consórcio Universitas 21. Iniciado em 1997, o consórcio conta hoje com 17 escolas de administração da América do Norte, Europa e Ásia. Entre elas, nomes de peso como McGill, Birmingham e Virginia. Em parceria com a Thomson Learning, uma grande editora, o consórcio formou, em 1999, a U21, uma empresa focada na promoção do ensino a distância em administração.

A partir de 2003, a U21 irá oferecer programas de pós-graduação e graduação em administração. Objetivos: lucro e penetração global. A expectativa é atingir 60.000 alunos até o final da década. Foco preferencial: os mercados de forte crescimento na Ásia e América do Sul. Os investimentos estão na casa dos US$50 milhões e a parceria tem lógica de Wall Street: a Thomson fornece tecnologia e contrata os professores; as escolas participantes "emprestam suas marcas" e fazem o controle de qualidade. Para estas instituições, a U21 representa a possibilidade de ocupar um lugar de destaque e ainda absorver a tecnologia da educação a distância.

Mas nem tudo são rosas e os próprios professores das consorciadas temem pela qualidade dos cursos oferecidos. Significativamente, vários sindicatos de professores já protestaram contra a U21 e três pesos pesados, as Universidades de Michigan, Toronto e Nova York, desistiram por não se sentirem confiantes na associação de seus nomes com o projeto.

Mas as dúvidas atingem também questões mercadológicas. Serão as instituições de diferentes países capazes de efetiva cooperação? Será possível desenvolver produtos adequados a países tão diferentes quanto a China, a Índia e o Brasil? Será o nome do consórcio suficiente para atrair estudantes?

Além disso, os preços, apesar de mais baixos que os de um curso tradicional, podem ser ainda altos. Na Ásia, onde os cursos serão inicialmente testados, um programa em nível de mestrado, com a duração de 18 meses, custará cerca de, US$7.500, o que é exorbitante para os padrões locais.

A iniciativa da U21 não é única e atesta o apetite por um mercado bilionário, que já tem empresas como a Jones International University, além de consórcios como a Worldwide Universities Network e a Global University Alliance.

Qualquer que seja o futuro da U21 e de outras iniciativas similares, os movimentos tectônicos em curso no campo do ensino da administração irão continuar agitando o sono dos professores e diretores de escolas locais. Algumas já estão reagindo aos desafios com a macdonaldização do ensino e as aulas-*shows*, imitações baratas das performances dos gurus do *cluster* de Boston. Mas outras seguem impávidas, dormindo em berço esplêndido, com seus professores autistas e ementas paleozóicas.

Tratar o ensino com mercadoria continuará a ser a tônica nos próximos anos. Para os estudantes e executivos preocupados com aperfeiçoamento, o panorama é no mínimo turvo. E pode ficar ainda mais confuso, à medida que novas alternativas surjam. Resta saber por quanto tempo estes "consumidores" vão continuar tratando a si próprios como marca de sabão em pó e enxergando MBAs como se fossem fundos de investimento.

Estraga o raciocínio!

*Computadores, educação
e aprendizado:
uma relação nem
sempre amigável.*

Na idade das primeiras manifestações púberes, pretendíamo-nos um pequeno grupo de seguidores de Mikhail Aleksandrovich Bakunin, ainda que nossa prática revolucionária fosse mais influenciada pelos irmãos Zepo, Harpo e Groucho Marx que pelos anarquistas. Nossa ação desestabilizadora era voltada para a guerra psicológica contra vítimas indefesas, especialmente nossos mestres. Durante as aulas, quiçá em celebração a Hobsbawm, uma banda de jazz ensaiava silenciosamente no fundo da classe. Pontos altos: os solos de clarinete e bateria, este último eventualmente percebido pelos mestres. Às vésperas de provas, um dos nossos rituais preferidos era desafiar a autoridade com nossa falsa ingenuidade: "Pode usar calculadora?" A resposta vinha em voz de trovão: "Não! Estraga o raciocínio." A cada ciclo de provas, novas tentativas e sempre a mesma trovejante resposta: "Não! Estraga o raciocínio."

O mundo girou, a globalização avançou e nossas calculadoras viraram sucata. Em seu lugar veio a tecnologia da informação. No discurso de seus apóstolos ela revigoraria empresas, tornaria decrépitas máquinas de governo eficientes e revolucionaria a o ensino e a educação. Só faltava mesmo curar o câncer! Claro, a popularização do penico virtual — a Internet — trouxe efetiva contribuição para que a panacéia se firmasse. O discurso é direto: "Conecte-se ou morra!"

Em Pindorama, de norte a sul, todo catálogo de escola moderninha dá destaque aos computadores. Abra um destes e lá estarão os pirralhos com ar inteligente e interessado diante da telinha. Pais e mestres de todas as latitudes parecem ávidos em aumentar o tempo de exposição de crianças e adolescentes às preciosas maquininhas. Missionários discretos ou espalhafatosos disseminam os irrefutáveis argumentos: "preparar para a vida", "um ensino mais interessante", "dominar a tecnologia desde o primeiro momento". Vendedores de *hardware* e *software* festejam.

Mas será que estudantes que utilizam computadores realmente se saem melhor que os que não usam? Um trabalho científico mostra que não. A pesquisa, publicada pelo *Economic Journal*, foi conduzida por Joshua Angrist, do Massachusetts Institute of Technology, e Victor Lavy, da Hebrew University, de Jerusalém, com alunos de aproximadamente 9 e 13 anos de idade. O estudo foi facilitado por uma iniciativa do governo israelense de usar dinheiro vindo da loteria para equipar com computadores as escolas. Os pesquisadores compararam classes que usaram computadores com classes que não usaram computadores e constataram-se que os alunos das últimas saem-se melhor. Conclusão: o uso de computadores não ajuda muito e pode até mesmo dificultar o aprendizado.

Por quê? Primeiro, porque os computadores podem quebrar a atmosfera essencial de atenção e aprendizado da sala de aula; segundo, porque eles impedem o contato entre aluno e professor, essencial para jovens aprendizes (o uso de computadores convida ao individualismo ou ao trabalho desordenado em pequenos grupos); e terceiro, ao contrário do que se supunha, os *softwares* de ensino não se ajustam ao ritmo e necessidade de cada aluno, mas geram soluções padronizadas. Alguns pais chegam às lágrimas de felicidade ao ver seus pimpolhos "dominando" as máquinas. Talvez devessem chorar de tristeza. Sábio conselho: melhor investir em professores e livros que nas populares maquininhas.

E o ensino superior? Ali também os sinais são preocupantes: diante do computador, estudantes de terceiro grau digitam muito e refletem pouco. As paradas para pensar e os exercícios de abstração são preguiçosamente substituídos pelo *copy & paste*. Os trabalhos vão saindo nos intermináveis ciclos de tentativa e erro. Não é só: com freqüência a forma salta à frente do conteúdo e a brincadeira sem compromisso substitui a concentração. Salas apinhadas de computadores constituem verdadeira celebração à dissipação. Enquanto alguns alunos vagam à deriva por planilhas, textos e *powerpoints*, outros dormitam como atingidos por aquele nível extremo de tédio apenas igualável à frente de um monitor de TV.

Nas empresas, a reprodução do "modelo" é notável. Entre num destes "modernosos" edifícios corporativos e lá estarão fileiras e fileiras de zumbis vidrados na telinha, numa tradução contemporânea da velha linha de produção fordista. Os dedos estão cada vez mais rápidos, os neurônios estão cada vez mais lentos. O raciocínio, bem...

Penso? Não, desisto!

*Das hordas de vestibulandos
à nata dos pesquisadores,
o ensino superior emite
sinais preocupantes.*

V ez por outra, o amigo Paiva me envia um *e-mail*. Prontamente gravo com o título de "bobagens do Paiva". São compilações de grandes besteiras escritas por candidatos em vestibulares e exames similares. Reais ou fictícias, sempre me divertem.

A última "fornada" mostra que o tema da ecologia provocou intensa tempestade cerebral nos candidatos. Nas respostas, indiscutível criatividade e total falta de sentido. Um dos geniais fuzilou: "A natureza brasileira só tem 500 anos e já está quase se acabando" (de certo foi trazida pelos portugueses!), e outro exortou com maestria: "Não preserve apenas o meio ambiente e sim todo ele."

Observe o leitor que esta última pérola já insinua um patamar diferenciado de construção lógica, que também encontra expressão na paradigmática "precisa-se começar uma reciclagem mental dos humanos, fazer uma verdadeira lavagem cerebral em relação ao desmatamento, poluição e depredação de si próprio"; ou na mais singela "vamos deixar de sermos egoístas e pensarmos um pouco mais em nós mesmos".

Na mente dos nossos estudantes, a ecologia é um problema com muita "gravidez". Eles estão preocupados com nossas "bacias esferográficas", com o efeito dos raios "ultraviolentos" e com os madeireiros que "destroem a Mata Atlântica da Amazônia". Com nobreza de sentimentos, lamentam a extinção dos "pandas da Amazônia" e do "micro leão dourado" (talvez superado por algum modelo da IBM!).

Não, caro leitor. Não se trata de manifestação de simples e pura ignorância. Encontramo-nos diante de conexões mentais heterodoxas, que somente os gênios e os completamente parvos são capazes. Qual seria o caso?

Mas ler impropriedades escritas por estudantes não é privilégio dos examinadores dos vestibulares. Professores de MBAs e cursos de administração devem também guardar doses maciças de paciência para as torturantes seções de correção de provas. Neste caso, os alunos são quase todos executivos. Trabalham 12, 14 horas por dia em grandes empresas. Pagam o preço da desorganização das empresas com trabalho excessivo e estresse, muito estresse. Vivem em aeroportos, celulares, *palmtops* e *notebooks* a tiracolo. Trabalham para conseguir uma úlcera antes dos 40 anos. Sua relação com a educação é ambígua. Estudam por que precisam, ou por que acham que precisam. Alguns se dedicam. Outros colocam o diploma como único alvo. A maioria faz o que pode, se vira conforme as pressões do momento.

Eles não escrevem besteiras tão contundentes quanto seus antecessores na cadeia darwinista da educação. Afinal, formam uma elite. Mas são herdeiros dos vestibulandos do Paiva. Instados a falar do trabalho, repetem a cartilha oficial. A organização está no centro de seu mundo e é fonte de sentido e identidade. Se os professores tentam instigar senso crítico, eles simpatizam mas não adotam. E tome missão, valores e toda aquela poesia corporativa, rica em significados e pobre em sentido. Alguns são brilhantes. Outros enfrentam com dificuldade a pena: a articulação das idéias falha, a lógica emperra e o sentido foge assustado. Não julgo. Não culpo. Apenas observo com preocupação.

Avanço mais alguns degraus na cadeia darwinista da educação e lá estão nossos professores e pesquisadores. Mas quem se der ao trabalho de ler artigos científicos em administração ficará desconcertado. Muitos autores atropelam a lógica e constroem o texto em elipses, deixando o leitor desnorteado. Segundo observadores mais críticos, não se produz no campo nada de relevância ou interesse. Isso aqui como nas plagas nórdicas. O vazio é disfarçado com hermetismo. Artigos acadêmicos são feitos para serem publicados, e não para serem lidos, diz-se nos bastidores. Talvez pudéssemos poupar algumas árvores.

Os mais otimistas acham que estamos no caminho. Talvez! Porém, nosso modelo, o poderoso *establishment* do *management* americano, sofre de crise de identidade e perde espaço para o *pop-management,* a perversão da gestão, que mistura auto-ajuda com visões idílicas da vida corporativa. Entre os guetos acadêmicos, centrados no próprio umbigo, e as prateleiras das livrarias dos aeroportos, reflexo da mercantilização do óbvio, há pouco espaço para a vida real. Aqui e ali, qualidade há, mas é preciso disciplina de arqueólogo e sorte para encontrar. Não julgo. Não culpo. Apenas observo com preocupação.

6

A INCRÍVEL LITERATURA CORPORATIVA

"A enorme quantidade de livros circulando por aí está nos deixando completamente ignorantes."

Voltaire

Contos de fadas

Livros e revistas de negócios estão cheios de "contos infantis para adultos". Como se explica a permanência do mundo infantil entre executivos?

Em um artigo publicado pelo caderno Mais!, da *Folha de São Paulo*, Jonathan Myerson se queixava, perplexo, da invasão da "pottermania" no mundo adulto. Caminhando por um trem, havia ele contado cinco adultos lendo livros infantis. *"Parecia que os cérebros de adultos tinham sido afetados por alguma praga e eles tinham voltado à infância, procurando seus brinquedos e livros de colorir"*, escreveu perplexo o escritor.

Como bem observou minha sócia para assuntos acadêmicos, Ana Paula Paes de Paula, doutora em ciências sociais, Myerson talvez não tivesse ficado tão surpreso se verificasse as leituras dos executivos: as biografias de heróis corporativos e os casos de sucesso insistentemente divulgados nas revistas de negócios e nos *best-sellers* de gestão. De fato, as semelhanças entre os contos infantis e a literatura popular de gestão não são poucas.

Sugerimos ao leitor que tire da estante duas obras clássicas sobre os contos infantis: *Morfologia do conto maravilhoso*, de Vladimir Aioakovlevich Propp (Rio de Janeiro: Forense-Universitária, 1984) e *A psicanálise dos contos de fadas*, de Bruno Bettelheim (Rio de Janeiro: Paz e Terra, 1980). Leia-as com carinho. Observe as estruturas e categorias identificadas por estes estudiosos.

Agora, vá até a sala do diretor da empresa, pegue emprestada aquela "maravilhosa" coleção de biografias guardada com tanto carinho: Akio Morita, Lee Iacocca e, claro, o inevitável Jack Welch. Insuficiente para uma pesquisa conclusiva? Então tome as últimas edições das revistas de negócios e casos não vão faltar: o salvamento da Nissan pelo "brasileiro" Carlos Ghosn, o renascimento da IBM nas mãos de Lou Gerstner, o sucesso da Enron com o visionário Kenneth Lay (*sic*). Pronto, você já tem material para um revelador fim de semana.

Então, note as notáveis semelhanças entre a estrutura e a morfologia dos contos infantis, reveladas por Propp e Bettelheim, e as histórias de sucesso empresarial. Veja como sempre começam com um problema dificílimo a resolver, ou um grande desafio; repare como o herói, humano, porém dotado de poderes especiais, enfrentará grandes perigos; observe, finalmente, como o mal será derrotado e o final será invariavelmente feliz, com mensagens claras e edificantes.

Os contos infantis têm papel importante no desenvolvimento das crianças: diante de um turbilhão de sentimentos e sensações, elas precisam de personagens bem definidos e parâmetros claros de comportamento. A capacidade para enfrentar paradoxos e ambigüidades virá mais tarde, com o amadurecimento e o desenvolvimento da identidade. Mas como se explica a presença de estruturas do universo infantil no mundo corporativo, pretensamente adulto? Terão as instabilidades da economia e negócios criado condições equivalentes àquelas da infância? Seremos órfãos, despreparados para o duro embate no bazar global? Boa chance. Ou, ainda mais preocupante, faríamos parte de uma geração que se recusa a crescer, afetados pela praga insinuada por Myerson? Também provável.

Convidamos agora o leitor a observar o ambiente corporativo ao redor. Comece pelo ambiente físico. Notou como bolinhas, bichinhos e brinquedinhos vêm invadindo o lugar? Ajuda a reduzir o estresse, dizem. Agora tente lembrar a última vez que participou de uma conversa adulta na empresa: 1998, 1997? As reuniões de estratégia parecem uma sessão de "banco imobiliário"? O comportamento dos gerentes parece inspirado por personagens de *Jornada nas Estrelas*? Acerte o foco crítico. O que se vê? Egos inflados, narcisismo descontrolado, fantasias de poder, identidades em desenvolvimento e manifestações diversas de imaturidade. Chamem o psicanalista!, ou Harry Potter.

Finalmente, consolidamos nossa hipótese: as empresas são reinos infantis, arenas para meninos crescidos, ou adolescentes em formação. Em um número da *Harvard Business Review,* o conhecido guia do escoteiro mirim para MBAs, uma das propagandas mostra o novo modelo Audi A4. Na foto, realizada com tons claros e poucos elementos, o carro está de frente, com a porta do motorista aberta. Ao lado, dando-lhe acesso, um escorregador. O brinquedo infantil fornece a passagem para o brinquedo adulto. Sem mais comentários!

A cozinha de Maquiavel

Pela pena de usurpadores e oportunistas, o autor de O Príncipe continua presente nas cabeceiras dos executivos.

Os livros de *trash-management* só encontram equivalência na mediocridade televisiva: profusão de insignificâncias, vácuo de idéias e receitas repetidas *ad nauseam*. Como não há lei que limite a subliteratura de gestão à exploração de criaturas dos próprios pântanos corporativos, segue impávida a apropriação de personagens históricos. A fórmula é simples: toma-se uma figura da história ou das artes, apropria-se com toda a liberdade e nenhum escrúpulo de suas idéias, e opera-se uma mágica: a conversão de fragmentos literários em "princípios infalíveis de gestão".

Entre as vítimas, Nicolau Maquiavel é um caso de destaque. Somente no *site* da Amazon.com encontra-se nada menos que 17 títulos, incluindo preciosidades como *The Mafia Manager: A Guide to the Corporate Machiavelli*; *Machiavelli on Management: Playing and Winning the Corporate Power Game*; e o completíssimo *The New Gurus: From Sun-Tzu and Jesus to*

Machiavelli and Winnie The Pooh, que substitui um curso inteiro de MBA.

Em Pindorama, a impenitente Editora Rocco avalizou a pena de um certo Stanley Bing, autor de *O que faria Maquiavel? Os fins justificam os maus*. Como se sabe, certos livros dizem mais dos leitores que dos autores.

Mas vamos à obra: o livrinho em questão tem tamanho de bolso de terno, capa em cores cítricas e capítulos sob medida para ler em latrinas (produzidos e promovidos como sabão em pó, certas obras bem poderiam ser vendidas em supermercados, já em *kits* com produtos de higiene pessoal). Os números das páginas vêm na barbatana de um tubarão (é preciso tanta redundância?) e a cada cinco páginas surge uma máxima para reflexão.

O que faria Maquiavel? Anotem algumas pérolas: (1) se fosse mulher, encararia seu papel sexual como uma obrigação e como um trunfo; (2) não ficaria satisfeito com ninguém, a não ser consigo mesmo; (3) despediria a própria mãe, se necessário; e (4) estabeleceria um padrão de controle psicótico. Para cada um destes princípios, seguem frases de "luminares" como Michael Ovitz, Donald Trump, Saddam Hussein, Madonna (ela mesma!) e Austin Powers (sem comentários!). Confesse! Dá vontade de ler, não?

Os estóicos talvez vejam o livrinho como um retrato sem retoques da vida corporativa. Mas isso seria tal banal quanto dizer que *Caras* traduz os valores sociais tupiniquins e *Veja* reflete nossa classe média. Cômico, se não fosse trágico. O problema é que essas coisas são lidas fora dos círculos de antropólogos e sociólogos.

Este escriba tem boas razões para suspeitar que parte das hordas corporativas lerá o livro como um guia de comportamento, como lê a seção de dicas de *Você S.A*. Neste caso, sugerimos seguir diretamente para um campo de treinamento no Oriente Médio e depois enviar o currículo para Donald Trump ou Michael Ovitz.

O fato é que Maquiavel virou uma referência para executivos, uma fonte que oferece uma visão pretensamente genuína e crua de sua realidade. Para o filósofo holandês René ten Bos, não é difícil entender a razão para a popularidade de Maquiavel: as idéias do italiano, lidas em ritmo de ponte aérea, certamente confortam executivos que vêem a vida corporativa como um jogo de pôquer, com blefes, artimanhas e regras próprias. "Quem não suporta o calor, que saia da cozinha", acrescentaria apropriadamente Harry Truman.

Mas o caso levantado por ten Bos vai muito além: transitando pelas idéias de Isaiah Berlin e Michel Foucault, o holandês argumenta que Maquiavel talvez tenha sido um progenitor moderno da existência de códigos e valores incompatíveis e incomensuráveis, um defensor do pluralismo moral *avant la lettre*. O alvo do holandês não é a subliteratura de gestão, mas os novos apóstolos da ética, que defendem uma vida baseada em valores, e a quem classifica como antidemocráticos. A questão para ten Bos não é a fraqueza de valores, porém a falta de habilidades para lidar com a ambigüidade e as contradições que a vida em uma sociedade pluralista exige. Em um mundo orientado para a especialização e a instrumentalidade, os prazeres da contradição são difíceis de assimilar. Em um ensaio provocativo, publicado na revista acadêmica *Organization*, ten Bos repete Berlin: as mensagens e idéias contidas, intencionalmente ou não, nas obras de Maquiavel são de tal magnitude que a maioria de seus leitores não consegue ir além dos primeiros degraus.

MARXISMO REVISITADO

DO OIAPOQUE AO CHUÍ, UMA ONDA VERMELHA VARRE A NAÇÃO. A NOVA ERA QUE SE INAUGURA EXIGE A RELEITURA DOS CLÁSSICOS.

No seu tempo, ele foi um grande revolucionário. Depois de sua morte, quase foi esquecido. Tido como superado pela evolução de sua arte, sua memória foi perpetuada graças à dedicação de seus mais fiéis admiradores. Suas teses, antíteses e sínteses influenciaram milhões e garantiram a eternidade de seu pensamento. Agora, com a onda vermelha que varre Pindorama, é chegado o momento de rever seus ensinamentos. Nas entrelinhas de suas obras, descortinam-se caminhos para a sociedade, a economia e a vida empresarial. Sociólogos, economistas e executivos terão seus passos iluminados. Revisitado, seu pensamento representará a síntese de um novo modelo evolutivo, capaz de contrapor — dialeticamente, claro! — Milton Friedman e Fredrick Engels, Roberto Shiniashiki e Tom Peters.

Claro, me refiro ao insuperável Groucho Marx. Sua seminal obra inclui 26 filmes, dos quais 14 feitos com os irmãos Chico e Harpo. Antes de conhecer o sucesso, a trupe Marx trabalhou por 20 anos em pequenos shows, sempre aperfeiçoando sua prática revolucionária. A virada para a fama aconteceu em 1924 (note o leitor: sete anos depois da revolução russa), com a estréia na Broadway. Seguiram-se peças, livros e filmes, muitos filmes. Groucho morreu em 19 de agosto de 1977. Deixou dezenas de fragmentos e aforismos, que agora podemos retomar.

"Eu não quero fazer parte de nenhum clube que me aceite como sócio." Neste célebre fragmento, Marx antecipa a ambígua posição brasileira em relação à Alca e ao FMI. Por trás da negação, o desejo reprimido de ser aceito entre os eleitos.

"Política é a arte de procurar por problemas, encontrá-los, realizar diagnósticos equivocados e aplicar as soluções erradas." Este princípio norteador parece ter orientado gerações e gerações de chefes de Estado e líderes corporativos. Burocratas de vários matizes ideológicos o têm como guia mestre em decisões estratégicas.

"Ou este homem está morto ou meu relógio parou." Em um aforismo de cunho metafórico, Marx parece antecipar a situação econômica na Argentina e Brasil, embora alguns pós-marxistas defendam que o ator de *Uma noite na Ópera* se refira às universidades públicas brasileiras.

"Eu fui casado por um juiz. Eu devia ter pedido um júri." Usando mais uma vez linguagem metafórica, Marx está aqui se referindo à febre de fusões e aquisições. Como se sabe, no capitalismo tais movimentos são realizados com o duplo objetivo de engordar a carteira de CEOs e advogados e reduzir o valor das empresas.

"Estes são meus princípios, se você não gostar... eu tenho outros." Este trecho revela o pragmatismo marxista em sua mais elevada expressão. Infelizmente, o pensamento do mestre foi interpretado ao pé da letra pelos executivos de empresas como Enron e Global Crossing. Os resultados infelizmente aumentaram o ceticismo contra o pensamento do mestre.

"Até hoje nunca li uma autobiografia que eu pudesse classificar de honesta. Noventa por cento das autobiografias são 100% ficção. Se as pessoas escrevessem a verdade sobre si próprias, não haveria cadeia que chegasse." Aqui, Marx antecipa próceres da vida corporativa como Jack Welch, Donald Trump e Lee Iacocca.

"Pagar pensão à ex-mulher é como servir feno fresco a um cavalo morto." As feministas costumam ler este aforismo como uma afronta machista e chauvinista. Ledo engano. Trata-se na verdade de um libelo pela desregulamentação do mercado de trabalho. Os pós-estruturalistas crêem que Marx se refere de forma oblíqua ao impacto devastador da tecnologia da informação sobre as mulheres, ou os cavalos, ou talvez ambos.

"Todo mundo é capaz de envelhecer. Basta viver o suficiente para chegar lá." A aparente redundância engana o leitor despreparado para a sofisticação marxista. O ponto essencial deste aforismo é a afirmação do avanço inexorável das forças produtivas como determinantes históricas da emancipação humana. Qualquer relação com o famigerado livro *Feitas para durar* pode ser mais que mera coincidência.

Depois de pérolas editoriais como *Jesus CEO*, *Os segredos de liderança de Átila, o Huno* e *Shakespeare in Charge*, é chegado o momento de *Marx on management*. Pelo menos nos próximos quatro anos, Groucho será o guru mais sintonizado com o espírito do tempo.

O SUCESSO REVISITADO

O ÚLTIMO LIVRO DE ROBERT REICH, EX-SECRETÁRIO DO TRABALHO DO GOVERNO CLINTON, DISCUTE OS PARADOXOS DO MOMENTO ECONÔMICO E AS FORÇAS POR TRÁS DAS LONGAS JORNADAS DE TRABALHO.

Escrevendo em 1930, em plena depressão, o economista John Maynard Keynes previu que em 100 anos a Inglaterra estaria oito vezes melhor economicamente e que as pessoas poderiam optar por trabalhar apenas 15 horas por semana. Faltam ainda 28 anos, mas as chances da profecia se tornar realidade parecem remotas. Não há grandes problemas com a primeira parte, mas nada parece tão distante quanto uma jornada de trabalho de 15 horas, seja nos países desenvolvidos, seja nos rincões menos afortunados do planeta.

Quem lembra a profecia de Keynes é Robert B. Reich, no livro *The Future of Success* (Nova York: Alfred A. Knopf). Reich é um professor e pesquisador respeitado, autor de *A próxima fronteira americana* e *O trabalho das nações*, e foi secretário do Trabalho durante o governo de Bill Clinton.

O ponto de partida da obra, mas não necessariamente seu centro de gravidade, está numa constatação tão simples quanto alarmante: vivemos num mundo cheio de oportunidades, mas estamos trabalhando demais; enquanto isso, as outras dimensões da vida vão afundando ao redor. De fato, muito se escreveu sobre o mundo de possibilidades aberto pela globalização: o acesso à informação, à educação, a melhores empregos e a mais oportunidades de negócios. Porém, muito pouco se escreveu sobre o impacto nos indivíduos e sobre as ansiedades geradas pelas mudanças.

O argumento de Reich é simples: as novas condições econômicas estão oferecendo alternativas sem precedentes em termos de produtos, serviços, investimentos e trabalho para as pessoas com os talentos e competências adequados. No centro da mudança está o processo acelerado de inovação, que faz com que todas as organizações busquem continuamente melhorias e saltos de performance. O resultado econômico pode ser positivo, porém os impactos sobre a vida social são problemáticos, com reflexos sobre nossas redes de relações e ameaças sobre tudo que depende de continuidade e estabilidade.

Numa ponta, fica cada vez mais fácil para nós, como consumidores, trocar de produto ou marca. Na outra ponta, fica cada vez mais difícil para nós, como provedores de produtos e serviços, manter nossos consumidores. Mais rápidas são as mudanças no bazar local ou global, menor é a confiança de que teremos nossos empregos ou ganhos garantidos.

O mesmo movimento tem ainda um outro efeito: a competição para oferecer melhores produtos e serviços eleva a demanda por profissionais bem qualificados; por outro lado, a mesma competição pressiona para baixo os salários de profissionais que fazem trabalhos de rotina e têm baixa qualificação. No Brasil, enquanto a taxa de desemprego mantém-se alta, não é pequena a dificuldade das empresas para preencher funções que exigem alta qualificação. Com isso, as diferenças entre os dois grupos tendem a ser acentuadas: no topo, uma elite com qualificação e acesso a oportunidades. Na base, uma massa excluída.

Mas mesmo para os "privilegiados" as oportunidades vêm à custa de vidas mais frenéticas e mais insegurança. Para estes, os ganhos podem eventualmente ser maiores que noutras épocas, mas a instabilidade faz com que aproveitem cada chance de ganhar mais. Afinal, ninguém pode prever o dia seguinte. Assim, vivemos numa montanha-russa auto-imposta, com pequenas chances de escape.

Será possível reduzir o ritmo? Seriam as pessoas capazes de voluntariamente trabalhar menos? Parece ter sido este o caso do autor. *The Future of Success* foi escrito depois que Robert Reich deixou o gabinete de Clinton. Segundo ele, ser secretário do Trabalho era o melhor trabalho de sua vida. Seria então Reich mais um *workaholic* arrependido? Segundo o próprio, o caso não era de obsessão, mas de uma escolha madura, baseada em valores, por melhor qualidade de vida.

Reich tem uma prosa fluida e seduz o leitor com sensatez, equilíbrio e dosada intimidade. Seu deslumbramento com a "nova economia", o poder da tecnologia e seu próprio país são pecados menores, fáceis de perdoar. *The Future of Success* pode ser lido na companhia do mais crítico *Depois do sucesso: ansiedade e identidade fin de siècle*, de Ray Pahl (São Paulo, Editora Unesp, 1997).

7
FICÇÕES VERDADEIRAS

"Não há fatos, só interpretações."
Friedrich Nietzsch

FILM NOIR

*UMA NOITE NA VIDA DE VICTOR K.:
O CONSULTOR QUE PENSAVA QUE ERA BOGART.*

Sete horas de uma noite fria e úmida de outono. Victor K. acelera forte seu Cherokee. O fumarento jipe engasga, tosse e reclama, mas vence a inércia e ganha velocidade pelo asfalto esburacado da Santo Amaro. A velha avenida, com seus prédios transformados em caderno de rascunho por gangues de pichadores, lembra cada dia mais Saravejo durante a guerra civil. Aqui e ali, figuras suspeitas esgueiram-se entre as fachadas meio demolidas.

Victor K. passara a semana assistindo velhos DVDs de Humphrey Bogart. O ícone da era *noir* de Hollywood o impressionara desde o primeiro encontro: o cinismo, a autoconfiança, o individualismo, o cigarro no canto da boca. Seus filmes preferidos eram os do início da carreira, com Bogart interpretando *gangsters*. Naquela manhã tinha assistido, de uma tacada, *The Petrified Forest*, *Crime School* e *San Quentin*. Bogie era definitivamente sua alma gêmea.

Glórias do passado. Desde que sua profissão fora proscrita, Victor K. vivia na clandestinidade, evitando sair à luz do sol. Passava o dia trancado em casa, as pesadas cortinas sempre fechadas. Seus companheiros eram filmes antigos e o traiçoeiro whisky Old Darling, tomado sempre sem gelo.

Mas nem sempre fora assim. Antes da tragédia a sorte lhe sorrira, a vida era amena e a felicidade parecia duradoura. Viagens na primeira classe, bons restaurantes e bons vinhos. Enfim, uma vida de primeiro mundo, longe da turba ignara, com tudo que um executivo poderia desejar de melhor.

Durante 20 anos, estivera ligado à CSNY (Crosby, Stills, Nash & Young), uma agressiva e bem-sucedida firma de consultoria, com sede no Arkansas. Começara como *trainee*, um pica-pau como qualquer outro, ganhando salário de fome, trabalhando duro nos fins de semana e feriados. Victor K. não se acomodara. Cursara MBA nos Estados Unidos e especialização na Suíça. Tanto esforço e dedicação foram recompensados e o jovem talento teve ascensão explosiva. No mês em que completou 30 anos foi promovido a sócio da reputada firma.

Nos bons tempos, Victor K. vendia programas de qualidade, planejamento estratégico, *downsizing* e reengenharia. Com muita agressividade e alguma ética, fazia sucesso entre empresários e executivos. Depois de anos de palco, seu discurso era irresistível e seu número era digno dos melhores teatros da Broadway. Ele era um mestre da retórica e da manipulação do sentido. Suas apresentações eram envolventes e sedutoras e ele mesmo um conquistador hábil e charmoso, um verdadeiro Casanova de terno e *notebook*.

Calada da noite. Mas isso foi nos bons tempos. Agora, seguindo pela Santo Amaro, carregava em seu porta-malas material suficiente para colocá-lo atrás das grades por muitos anos. Eram quilos e quilos de material proscrito: livros de reengenharia, apostilas de *benchmarking* e coletâneas de estratégia corporativa. Somente as metodologias de *downsizing* garantiriam uns 10 anos de isolamento. Sua vida agora era marcada por fugas espetaculares e encontros secretos.

O convívio permanente com o perigo havia transformado o extrovertido Victor K. num homem rude e duro. O humor de salão, que sempre cultivara, transmutara-se em acidez e cinismo. Os floreios de linguagem e comentários sempre espirituosos, que ensaiava cuidadosamente diante do espelho antes de cada encontro de negócios, deram lugar a uma fala direta e econômica, pontuada por resmungos e muxoxos.

Victor K. agora era um pistoleiro de aluguel, uma mente treinada a serviço de atividades ilícitas, um homem disposto a ir até as últimas conseqüências em suas perigosas missões.

Tragédia. Mas havia coisa pior, bem pior. Alguns de seus ex-colegas tinham se degradado. Podiam ser vistos à noite no Parque do Ibirapuera ou no Aterro do Flamengo, dentro de Audis enferrujados e Volvos estropiados, esperando clientes que raramente davam as caras. Quando muito, conseguiam uma terceirização de departamento pessoal ou um projetinho de *just-in-time*.

Quando a coisa toda estourou, muitos conhecidos mal tiveram tempo de arrumar as malas. Seus amigos economistas exilaram-se em Chicago, a única cidade que os aceitou como exilados políticos, e viviam de limpeza de escritórios e entrega de pizzas. Os que não escaparam viviam como ele, na clandestinidade, condenados ao submundo.

Alguns de seus antigos sócios haviam sido condenados a trabalhos comunitários por tempo indeterminado. Ele mesmo ainda respondia a cinco processos. Sua sorte é que a Justiça estava dando prioridade para os economistas.

Tudo acontecera tão rápido que muitos mal se deram conta que tinham passado de heróis a criminosos. Primeiro foram as pichações nos imponentes prédios da CSNY e de outras grandes empresas de consultoria: "consultar = confundir + insultar". Pouco a pouco, a mídia, antes dócil e simpática, começara a atacar a atividade. Então, vieram os cancelamentos de contratos. Finalmente, a Organização Internacional do Trabalho recomendara a extinção da atividade. O cerco foi fechado com a promulgação da Lei contra o Parasitismo Social e do Código de Ética das Profissões.

Muitos colegas achavam que podiam reverter a situação. O golpe de misericórdia veio quando alguns países passaram a correlacionar o aumento do PIB com o afastamento dos economistas e algumas empresas começaram a correlacionar o aumento dos lucros com o afastamento dos consultores. Ficou então claro que a situação não teria retorno.

Dois Fernandos. A mente de Victor K. vagava pelo passado quando o fluxo de reminiscências foi interrompido pelo sinal vermelho no semáforo da Juscelino. Ele aproveitou a parada para tirar o cantil do console e tomar um gole de Old Darling. "Viva Strossner!", pensou, enquanto o destilado descia queimando pela garganta.

Antes de ir para o seu aparelho esperar a chamada de um cliente potencial, decidiu cruzar as perigosas ruas do Jardim Paulistano e dar uma parada no ponto de encontro dos banidos. O Dois Fernandos era um bar itinerante. A cada mês abria num lugar diferente. Ultimamente vinha funcionando na garagem de um prédio abandonado da Faria Lima. O nome tinha sido dado pelo primeiro dono, mas resolvera batizar seu estabelecimento com o nome de dois presidentes da República, "pelo conjunto de sua obra", como costumava declarar.

O Dois Fernandos teve uma história trágica desde o início. Logo depois da inauguração, começou a ser freqüentado por sociólogos e pela gangue do *jet-ski,* um grupo de arrivistas com tendências homicidas. Agora era freqüentado por banidos e desterrados de várias tribos. O lugar era frio e apertado, mas reunia algumas caras conhecidas e a bebida era honesta.

Victor K. sabia que o Dois Fernandos não ia durar muito tempo naquele local. Fiscais do Ministério do Trabalho andavam fazendo perguntas pelas redondezas e ninguém ignorava que o bar era um ponto de tráfico de metodologias de mudança organizacional. No início do outono, uma carga de sistemas integrados de gestão fora apreendida no Aeroporto de Guarulhos, com destino à Europa. Agentes federais desconfiavam que o bar estava de alguma forma associado ao contrabando. Agora, era só uma questão de tempo até que tivessem que mudar para um novo endereço.

Na entrada o mal encarado porteiro abriu a portinhola e entoou com voz de barítono bêbado a senha da semana:

— A carne é débil, o inimigo astuto, diz Porter.

— Em terra de andorinha, pingüim anda de costas, diz Kotler — respondeu Victor K., tendo a passagem liberada.

O bar estava vazio, mas logo da entrada Victor K. avistou Lawrence B., um conhecido dos bons tempos. O amigo tinha o ego do tamanho do Amazonas, mas no fundo tinha um bom coração. Quando bebia, sofria de incontinência verbal e desatava a falar de como impressionara os poderosos com sua inteligência e presença de espírito.

Nos bons tempos o velho consultor era conhecido como Lawrence, the Knife. O que acontecera com suas vítimas, ou clientes, como preferia chamar, constituía argumento irrefutável para o banimento da profissão. Em seus anos de maior atividade, seus programas de racionalização fizeram mais vítimas que a peste negra ou os filmes de Walt Disney.

Victor K. não ficou mais que meia hora no Dois Fernandos. Era o máximo que agüentava a conversa do amigo. Ademais, queria chegar ao aparelho antes das nove horas.

Noite longa. Naquela noite o trânsito estava excepcionalmente calmo e Victor K. chegou rápido ao seu destino. No caminho, chamou-lhe a atenção uma nova pichação no topo de um prédio: "Drucker vive!" Coisa de colegas inconformados, pensou, esboçando um sorriso bogartiano.

O aparelho ficava num prédio comercial que conhecera dias melhores, antes do colapso dos bancos de investimento. Conseguira o local a preço de ouro, através de um corretor que lhe lembrara James Cagney. As salas pertenciam a um ex-secretário de Estado que estava vivendo por uns tempos em algum lugar no Caribe. O lugar era escuro e apertado, mas o telefone funcionava, o que era essencial.

Estacionou seu jipe a uma distância segura e deu duas voltas a pé pelo quarteirão, para ver se não havia nada suspeito. Voltou então ao carro, pegou um dos pacotes no porta-malas, apanhou seu cantil no console e entrou no prédio, procurando pelas escadas de incêndio. Subiu lentamente os andares, contando os degraus. Velhos hábitos são difíceis de abandonar.

Duzentos e quarenta degraus depois chegava ao décimo andar. Tirou o molho de chaves do bolso e abriu lentamente cada uma das quatro fechaduras. Entrou na sala e acendeu as luzes. Caminhou com cuidado pelos cômodos, certificando-se de que tudo estava como deixara. Naquelas circunstâncias todo cuidado é pouco. Seguiu então para o escritório principal e acomodou-se na poltrona ao lado do telefone.

Seu informante dissera que o cliente provavelmente ligaria antes da meia-noite, mas nada era certo. Victor K. estava acostumado a controlar a ansiedade. Sabia muito bem que não devia sonhar com grandes projetos de reestruturação ou mudanças estratégicas. Estes eram muito difíceis de realizar na surdina. Além disso, quem se arriscaria a ser pego com um consultor?

Reclinou a poltrona, abriu o cantil e tomou um longo gole de Old Darling. "Viva Strossner!", pensou. A noite ia ser longa.

O RATO QUE RUGE

Victor K., o consultor que pensa que é Bogart, recebe uma missão impossível e desenvolve uma estratégia perfeita.

Victor K. adormecera sentado na poltrona, com o cantil de Old Darling sobre o colo. Ao lado, o telefone repousava sobre uma pilha de livros e revistas. Victor K. instalara-o ali para aguardar uma importante ligação. Depois de algumas semanas de inatividade, tinha certeza que algo importante estava para acontecer.

Desde que a profissão de consultor fora proscrita, nosso herói vivia na clandestinidade, movendo-se na calada da noite. Cultivava agora o hábito de ficar em casa durante o dia, assistindo velhos filmes de Humphrey Bogart. O convívio virtual com Bogie tinha influenciado Victor K., que só saía de casa de capa de gabardina e chapéu.

Mas o breve período de recesso forçado estava chegando ao fim. Na noite anterior, o intrépido consultor recebera uma misteriosa mensagem eletrônica: "Executiva bem posicionada procura profissional experiente para aventura empresarial." Respondera imediatamente, fornecendo o telefone de contato e o horário no qual aguardaria a chamada.

Nervos de aço. Às 2:30h da madrugada o telefone tocou. Victor K. saltou imediatamente da poltrona, jogando longe o cantil e espalhando whisky pelo tapete de gosto duvidoso. O cheiro de bebida invadiu instantaneamente o ambiente. Com nervos de aço, aguardou até a metade do quarto sinal para atender. Foram momentos de agonia, mas o ex-sócio da Crosby, Stills, Nash & Young não podia revelar sua ansiedade. Finalmente, retirou o fone do gancho e levou-o lentamente até o rosto.

— Senhor K.? — Uma sensualíssima voz feminina sussurrou do outro lado da linha. — Meu nome é Jane, Jane Spittfire. Eu represento a LP&D.

Foi o suficiente para embaralhar a já atormentada mente do especialista em reengenharia. O paladino do *downsizing* imediatamente imaginou uma mulher escultural, digna de contracenar com Bogie em qualquer paisagem do norte da África. Seu devaneio só terminou ao dar-se conta do que ouvira: LP&D. Isso mesmo: LP&D, um dos mais conhecidos conglomerados tupiniquins.

Jane Spittfire foi rápida e objetiva. Forneceu um endereço na periferia e pediu que Victor K. estivesse no local no dia seguinte, pontualmente às 8:30h. O consultor sentiu-se deliciosamente intimidado pela voz dominadora, imaginando sua dona vestida com roupas de couro e saltos altos. Mas sua mente treinada não deixou que o saboroso e vulgar devaneio se prolongasse.

Whisky com ovo. No dia seguinte, Victor K. acordou às seis da manhã, tomou um relaxante banho e preparou um copo de Old Darling com gema crua de ovo, seu café da manhã usual. Escolheu seu melhor terno, decidiu por suspensórios e saiu em campo, acelerando seu velho Cherokee pelas ruas esburacadas da cidade.

A LP&D, que antes ocupava um prédio inteiro em um elegante bairro comercial, fora forçada a mudar-se para um velho galpão nas margens da represa Billings. A vista da represa era impressionante, com fileiras desordenadas de palafitas avançando até 50 metros na água. A mudança fora decidida às pressas pelos diretores, para fazer frente à precária situação de caixa da empresa e à ameaça de redução de seus volumosos bônus de final de ano.

A LP&D conhecera seu apogeu durante a folia de privatizações do segundo Fernando. Com alguma estratégia e muitos amigos, transformara-se num grande conglomerado. Aos poucos, as limitações da gestão vieram à tona e o entusiasmo dos novos barões submergiu. A empresa acabou reduzida a uma pálida sombra do que fora em seus dias de glória. Crises internas cindiram a liderança. Os três fundadores deixaram o comando, agora exercido por uma horda de ex-novos-ricos, que pareciam ter saído do Castelo de Caras. Executivos risonhos e herdeiros suspeitos disputavam palmo a palmo o poder, enquanto os concorrentes avançavam e os lucros desapareciam.

Necrotério canadense. Victor K. chegou à bem guardada entrada da empresa precisamente às 8:30h e estacionou diante de uma placa caída onde lia-se: "Nós temos ISO 69.000."

Em poucos minutos nosso herói acompanhava uma jovem recepcionista pelos meandros da LP&D. O velho galpão parecia uma velha oficina mecânica em escala gigante. Nos corredores sombrios operários martelavam, empurravam e lamentavam, repetindo movimentos que pareciam comandados por um maestro epiléptico.

Entraram então por um pesado portão de ferro, deixando para trás o inferno fabril. Victor K. teve a sensação de ter cruzado um túnel do tempo e saído da Idade Média para aterrissar no século XXI. E o século XXI estava povoado por carpetes azuis e móveis ergonômicos. E o século XXI tinha temperatura de necrotério canadense. Nosso herói nunca estivera em um necrotério, muito menos em um necrotério canadense, mas a metáfora lhe pareceu adequada assim mesmo.

Finalmente, chegaram à sala de reuniões, onde Victor K. foi apresentado a cada um dos presentes. Seu principal interlocutor identificou-se pomposamente como Ernesto G., presidente do Conselho de Administração. As maneiras do velho lembraram vagamente James Cagney.

Precisamente às nove horas, todos caminharam para seus lugares e sentaram-se. Todos menos Ernesto G. Ele dirigiu-se à frente do grupo, correu os olhos pela sala e esperou até que o silêncio fosse total. Então, pôs as mãos sobre a mesa e, ligeiramente inclinado, iniciou um pequeno discurso. Falou das glórias passadas, das dificuldades do presente e do futuro radiante que, tinha certeza, o destino lhes reservava. Felizmente a coisa foi breve, culminando com um breve panegírico a Victor K.

Victor K. agradeceu a introdução. Fez então seu discurso padrão. Utilizava aquela mesma seqüência havia anos, misturando velhos chavões sobre confiança, ética e trabalho duro com expressões-chave como competências centrais, capital intelectual e melhores práticas de gestão. A impressão era sempre positiva. Quase ninguém entendia exatamente o que ele queria dizer. Na verdade, nem ele mesmo conhecia bem o sentido. Preparara o discurso padrão anos atrás, juntando frases de catálogos de consultoria e procurando ordená-las de tal modo que conseguisse um efeito de *crescendo*.

O que os clientes precisavam era de conforto e certeza, e de não razão e lógica. O mundo já era terrivelmente cheio de dúvidas e problemas. Sua missão era trazer um pouco de luz, mesmo que falsa e efêmera.

Mudança inviável. Victor K. começou naquele mesmo dia sua difícil missão. Nas semanas seguintes, entrevistou diretores, gerentes e acionistas. Enviou questionários, realizou *workshops* e promoveu *focus groups*. Tudo o que sempre fazia quando não sabia o que fazer.

Consolidou resultados, montou matrizes e analisou, analisou e analisou. No final da sexta semana, havia produzido quilos de relatórios e tinha um bom quadro da situação. Mas de prático mesmo, quase nada.

Seu diagnóstico era claro: a LP&D tinha muitos gerentes e nenhuma gerência, muitos diretores e nenhuma direção. Clientes procuravam os concorrentes e tudo o que os executivos conseguiam era discutir viagens internacionais, prêmios, bônus e promoções. Uma reforma só poderia começar por cima, mas isto era inviável, e ele sabia muito bem.

Estratégia cinematográfica. Na sétima semana, Victor K. sentia-se próximo do fracasso. Então, numa noite, tentando esquecer o iminente insucesso, entrou num velho cinema para assistir *O rato que ruge*, uma comédia antiga com o ator britânico Peter Sellers. A história era hilária. Um pequeno ducado declara guerra aos Estados Unidos. O objetivo é perder e fazer jus aos benefícios de um plano de reabilitação. Mas algo sai errado e o pequeno país se vê no centro da Guerra Fria.

Próximo ao final do filme, uma luz imaginária brotou da tela e alvejou Victor K. entre duas risadas. Bem ali, na imensa tela do decadente cinema, estava a resposta para os graves problemas da LP&D. Nosso herói saiu do cinema sem esperar pelo final do filme. Em poucos minutos, estava em sua mesa de trabalho. Em poucas horas, estava pronta a solução que salvaria a LP&D da bancarrota.

Grand Fenwick. Na manhã seguinte, Victor K., o Eisenstein do PowerPoint, chegou cedo à sala de reuniões. Queria ter certeza que tudo correria como planejado. Testou os equipamento e corrigiu a luz. Revisou cuidadosamente sua apresentação e aguardou pela platéia. Se havia algo que nosso herói dominava era a arte da apresentação. "A forma define o conteúdo." Este era seu lema.

Com estudada cordialidade, recebeu cada um dos senhores do Conselho, fez com que todos sentassem, provocou um longo silêncio e iniciou sua performance.

— Senhores, depois de oito semanas de intenso e extenuante trabalho, tenho a satisfação de vos apresentar a salvação da lavoura [imediatamente arrependeu-se da metáfora agrícola], o esperanto para a feérica Babel que aqui se formou [assim era bem melhor!]: o projeto Grand Fenwick Ne Plus Ultra.

Victor K., o Godard do retroprojetor, agora observava o efeito que provocara na platéia. Todos o olhavam com espanto e curiosidade. O que seria o Grand Fenwick Ne Plus Ultra?

Durante os próximos 30 minutos, Victor K., o Polanski do *datashow*, deliciou a platéia com charme e graça. A cada três minutos uma frase em latim pontuava a bem estudada retórica. A platéia divertia-se com a presença de espírito e deliciava-se com o colorido dos gráficos. Ora as imagens evocavam Kandinski, ora homenageavam Mondrian.

Mas quando a atenta horda executiva já se aproximava do êxtase, Victor K. reduziu a velocidade frenética de sua apresentação, contendo com freios ABS o êxtase coletivo. Preparou-se então para o final apoteótico.

— Senhores, nossa estratégia pode ser resumida em um único conceito: gerenciamento estratégico da impressão. Primeiro, movimentaremos a mídia com uma campanha criativa. Faremos como Thomas Edison: convidaremos alguns poucos e famosos jornalistas para conhecer nosso projeto secreto. A eles revelaremos muito pouco, apenas o suficiente para pensarem que têm uma ótima história nas mãos. Em paralelo, contrataremos um CEO estrangeiro. Já fiz alguns contatos e creio que encontrei a solução ideal: um ator canadense, na faixa dos 40 anos, jovial e carismático, capaz de transmitir solidez financeira e arrojo tecnológico. Ele será a encarnação da nova LP&D.

Então, o momento culminante, a deixa que Victor K., o Altman da caneta laser, estava aguardando, aconteceu.

— Mas senhor K. [bradou o bovino *controller*], nós não temos um produto novo, nem mesmo condições para desenvolvê-lo.

— Senhores [disse taxativamente nosso herói], no mundo da hipercompetição, parecer é a chave do sucesso. Parecer é mais importante que ter. Parecer é mais importante que ser. Parecer é tudo! Para nossa era, que prefere o signo à coisa significada, a cópia ao original, a representação à realidade, a aparência à essência... a ilusão é sagrada, a verdade, profana. De fato, senhores, o caráter sagrado parece aumentar à medida que a verdade diminui e a ilusão aumenta, de tal forma que o mais alto grau de ilusão se torna o mais alto grau de sagração.

Então Victor K., o Lumiére da liderança situacional, arrematou sua apresentação:

— No ápice da especulação sobre o Grand Fenwick Ne Plus Ultra, quando o *Wall Street Journal,* *The Economist* e *Caras* estiverem dando o destaque merecido à LP&D, lançaremos ações no mercado americano. Ao mesmo tempo, negaremos veementemente propostas bilionárias de compra da empresa pela IBM e pela 3M. Segundo meus cálculos, começaremos então a sofrer tentativas hostis de *take-over*. Finalmente, cairemos, triunfalmente, sob controle da... Microsoft.

Então, naquela sala na periferia perdida de uma das cidades mais feias do mundo, fez-se o mais profundo dos silêncios. Todos haviam finalmente compreendido a perfeição e a beleza do que tinham presenciado. O momento era mágico. Victor K., o Hitchcock da estratégia competitiva, postou-se na cabeceira da mesa e abaixou os olhos. Então, um a um, os senhores do Conselho começaram a aplaudir. Primeiramente sentados, depois de pé. Aqui e acolá, lágrimas de genuína emoção brotavam. Victor K. permaneceu com a cabeça baixa por alguns minutos. Sua humildade era tocante. Seu sentido de palco soberbo.

Missão cumprida. Nosso herói voltou para casa leve e solto. Tinha cumprido mais uma difícil missão. Entrou em seu amplo apartamento, tirou a capa de gabardina, sentou-se em sua poltrona favorita e serviu-se de uma dose dupla de Old Darling.

Começava a refletir sobre o sentido da vida ao som de Thelonius Monk, quando lembrou-se de checar o correio eletrônico. Para coroar seu sucesso, só faltava uma coisa. E lá estava... uma mensagem de Jane, a sua Jane.

— Parabéns, senhor K. Seu desempenho foi extraordinário. Certamente voltaremos a nos falar. Cordialmente, Jane.

Naquela noite, isso era certo, Victor K. sonharia com Jane Spittfire.

Encontro marcado

Victor K., o consultor que pensa que é Bogart, encontra Jane Spittfire, fabricante de celebridades.

V ictor K. dormiu profundamente naquela noite quente e úmida de janeiro. Sua respiração pesada ecoava pelo quarto vazio, servindo de trilha sonora para um néon que lançava intermitentemente suas luzes fantasmagóricas sobre a parede. Nosso herói dormia o sono dos justos, depois de cumprida sua difícil missão. Sabia bem o que separava os verdadeiros consultores dos pica-paus: o perigoso jogo da estratégia empresarial.

Noutros tempos, antes que sua profissão fosse proscrita, ele poderia faturar alto com seu sucesso. *White papers* seriam distribuídos e seminários seriam divulgados. Quem sabe até um pequeno livro pudesse ser editado, contando como o brilhante paladino da competitividade, o George Lucas do retroprojetor, havia transformado fracasso em sucesso e medo em esperança, salvando empregos e alegrando acionistas.

Mas o sucesso não acontecera por mágica. Foram semanas intermináveis de trabalho, enfrentando *controllers,* engenheiros e psicólogas. O que mantinha o consultor rijo e forte era a esperança de reencontrar Jane Spittfire, a melodiosa voz que o contratara, mas cuja presença física jamais se materializara.

Blade Runner paraguaio. A semana seguinte correu tranqüila. Duas vezes ao dia, Victor K. examinava o correio eletrônico. No final da semana, desistiu de esperar e decidiu tentar a sorte. Enviou uma mensagem para Jane Spittfire. A resposta veio imediatamente, como se Jane estivesse colada à tela do computador, esperando ansiosa pelo seu convite. "Sexta-feira, meia-noite, boate Forte Bragg." Isto era tudo que dizia, tudo que precisava ser dito e tudo que ele precisava saber.

Sexta-feira, 11:30h da noite, Victor K. chega a bordo de seu velho e fumarento Cherokee ao local combinado. Está vestido com sua melhor capa de gabardina. Na cabeça, seu mais querido chapéu Casablanca. Noutros tempos a estranha figura seria notada, mas a persistente decadência havia transformado São Paulo num ambiente felliniano, onde o próprio Bogart poderia caminhar sem que ninguém notasse. Assaltado, sim; reconhecido, não. A cidade vivia sob o controle de *gangs* de incorporadores e pichadores. Os menos desafortunados isolavam-se em ilhas de mau gosto na periferia, cercados por miseráveis por todos os lados. As ruas haviam sido tomadas por um exército de andrajosos. *Blade Runner* em Ciudad del Este.

A Forte Bragg ocupava um prédio decadente de um bairro que nunca ascendeu a coisa alguma. Seus freqüentadores constituíam fauna variada, preponderantemente GLS. Victor K. não se encaixava em nenhuma das três letras, mas com o tempo desenvolvera laços de amizade. Alguns ex-colegas, especialistas em desenvolvimento organizacional e *team building*, agora animavam *shows* em casas noturnas como aquela.

Sala das máquinas. A Forte Bragg não era muito diferente do resto da cidade: paredes descascando, móveis velhos jogados pelos cantos, muita fumaça e muito barulho. O galpão, de pé-direito altíssimo, dividia-se em vários ambientes. A *música* parecia sair de uma orquestra de tornos, prensas e serras elétricas, regida por um Cage movido a anfetaminas. No centro da pista de dança, epilépticos de várias idades, concentrados em suas sombras intermitentes, buscavam o elo musical perdido entre os anos 60 e 80, salvos do ridículo apenas pela falta de iluminação.

Victor K. seguiu direto para o bar, o único lugar onde poderia ficar a salvo do barulho da *sala de máquinas*. Sentou num canto de onde pudesse observar a entrada principal e pediu um Old Darling duplo. Deu vivas a Strossner e deixou que seu pensamento vagasse por modelos de gestão e técnicas de análise de valor, enquanto aguardava Jane.

Vestida para matar. Faltava um minuto para meia-noite quando Victor K. percebeu uma imponente figura loira vindo em sua direção. Jane parecia saída de uma tela de cinema imaginária na parede à sua frente. Manteve a mão no copo como agarrado a um corrimão, para não perder o equilíbrio.

Victor K. sentiu-se atordoado, como se tivesse saído de um festival Tarkoviski. Nosso herói sempre teve orgulho de seu desempenho profissional, mas seu currículo afetivo habilitava-o à canonização. Fora casado por algum tempo, mas sua mulher o abandonara por um auditor, o que reduziu sua auto-estima a traços invisíveis a olho nu.

Agora, aquela poderosa fêmea aproximava-se perigosamente, saída do *fog* de cinco máquinas de gelo seco e 500 cigarros. Jane Spittfire era uma força da natureza embalada em couro e látex. Estava *vestida para matar*: saia justa, saltos altos. Os cabelos loiros (pareciam tão naturais!) levemente ondulados e soltos. Victor K. piscou três vezes os olhos para ajustar o foco. Na primeira vez viu Kim Novak, em *Vertigo*; na segunda viu Sharon Stone, em *The Quick and the Dead*; na terceira viu

Elisabeth Sue, em *Leaving Las Vegas*. Jane era uma edição com os melhores momentos de 50 anos de cinema.

Seus olhos, verdes e decididos, pareciam trazer o resto do corpo para o seu objetivo. Jane era uma predadora e Victor K. começava a sentir-se como sua presa. Finalmente, aquela celebração à sétima arte sentou-se ao seu lado, virou lentamente o maravilhoso corpo e esticou a mão direita em direção aos seus lábios.

— Jane, Jaaane Spittfiiiire —, disse em tom quase inaudível, arrastando as sílabas em *slow-motion,* como nos assassinatos dos filmes de ação.

Victor K. respirou fundo, juntou em um único olhar o melhor de Bogart e deixou que seus lábios tocassem brevemente aquela mão deslumbrante.

Filme europeu. Nosso herói sabia que Jane não se permitiria um encontro romântico, não o primeiro encontro. Jane estava ali para falar de negócios. Para ela o jogo da sedução era apenas um complemento, um complemento importante, é claro, mas nada além de um complemento.

Victor K. queria saber tudo sobre ela, e tinha todo o tempo do mundo para ouvi-la. Dissecação era sua maneira predileta de aproximação. Já tinha visto o filme antes e sabia muito bem que o primeiro encontro destinava-se à troca de *curricula*. E com uma mulher como Jane, ficaria satisfeito se conseguisse mencionar seu nome e telefone. Sua ansiedade deveria ser controlada. O *show* era dela, e ele estava pronto para contribuir com perguntas inteligentes e olhares interessados.

Jane queria falar de si, contar seus feitos, sua vida de sucesso. Victor K. não se fez de rogado. Estava acostumado com executivos e consultores que, como os jovens epilépticos da pista de dança, não percebem nada a uma distância maior que 50 centímetros a partir do próprio umbigo. Estava habituado ao jogo. Ser coadjuvante não era nenhum problema. Bogart já o fizera, sem perder a majestade.

A conversa seguiu em clima de filme europeu: auto-ironia, humor refinado e muitos *close-ups*. Victor K. não precisou de mais que dois minutos para perceber que Jane era uma profissional, uma consultora nata. A estonteante fêmea sabia como jogar com a ambigüidade e conhecia todas as metáforas da temporada. Dominava a arte da retórica com sensibilidade e suavidade. Era uma doce rainha do gerenciamento da impressão.

Aos poucos o consultor ficou conhecendo, entre estupefato e desconfiado, o movimentado passado de Jane. Missões secretas no Caribe e no Oriente Médio. Trabalhos para o governo americano no Panamá, na República Dominicana e na Nicarágua. Um turbilhão de emoções de fazer inveja a qualquer história de aventuras de Augusto Boal. Num ou noutro momento a cronologia parecia perder a linearidade e eventos de diferentes gerações juntavam-se no mesmo personagem, o personagem único daquela narrativa heróica: Jane Spittfire. Fato e ficção pareciam misturar-se com facilidade naquele enredo intrincado e mirabolante.

Hora de tratar de negócios. Duas horas depois, Victor K. ainda flutuava nas palavras de Jane, afogando-se prazerosamente num mar morno de meias-verdades, insinuações e prazer. A conversa então sofreu leve inflexão e passou para o departamento de negócios. Nosso herói percebeu que Jane já havia dito o que queria sobre si mesma. Seu cenário imaginário já estava pronto. Era chegada a hora de passar para a ação e definir o que viria pela frente, o que fariam juntos.

La Spittfire continuou firme no controle, introduzindo seu tema principal pela perspectiva histórica. Comentou como John Rockfeller, aconselhado por um conhecido relações públicas, havia conseguido mudar sua reputação de barão ladrão e esbulhador de viúvas para uma imagem mais adequada de filantropo e protetor de artistas e cientistas. Explicou como Bill Gates tentou reverter sua imagem de vilão monopolista contribuindo para pesquisas médicas. Observou como Michael Eisner, o todo-poderoso da Disney, havia orquestrado cuidadosamente sua passagem de executivo para celebridade, com uma performance de fazer inveja aos mais conhecidos frutos do Actors Studio.

E foi em frente, demostrando, em tom professoral, a importância da gestão da imagem pessoal. Parecer é mais importante que ter, é mais importante que ser. Jane Spittfire era uma artista: preparava o cenário, criava os personagens, escrevia o enredo e comandava os ensaios. Seu palco eram as empresas e seus atores os executivos.

— Você se lembra de Edson M., o supergerente? — perguntou Jane.

— Claro. Teve uma carreira meteórica.

— Exato! Foi um dos meus melhores trabalhos. Quando fui contratada, Edson M. era um engenheirão caipira, incapaz de articular duas frases sem falar em competitividade e qualidade. Sua esposa, coitada, confundia Rambo com Rimbaud e achava que Proust era água mineral com gás. Usamos um exército para reverter a situação: relações públicas, professores de oratória, instrutores de degustação de vinhos etc., etc. Montamos até um glossário de citações e termos em latim, francês e alemão, que o casal decorou diligentemente. É claro que não se consegue milagres, mas com umas duas ou três camadas de verniz a coisa melhora bem.

— Mas ele desapareceu depois de alguns anos, não foi?

— A coisa toda ia muito bem: convites para dar palestras em universidades, artigos para a imprensa, entrevistas charmosas para revistas femininas. Tudo feito pela minha equipe. Aí ele começou a acreditar que era de verdade. Começou a querer dar palpite nos artigos e nos discursos que escrevíamos em seu nome. Perdemos o controle. A empresa acabou se cansando e aposentou o cara. Mas já estamos trabalhando um novo personagem.

Victor K. ouvia extasiado. Nunca considerara que poderia haver tanta ciência na manipulação da imagem. A cada momento imaginava negócios e mais negócios. E dinheiro, muito dinheiro. Afinal, qualquer coisa que menosprezasse a inteligência e valorizasse o ego só poderia ser um sucesso no mundinho *fashion* da gestão de empresas.

Jane continuou, a professora mais *sexy* que ele já tinha visto:

— As empresas precisam de mitos. Foi-se o tempo que o sistema era idolatrado. Agora são os executivos que são idolatrados. E isto requer trabalho duro. Construir uma reputação não é coisa que se faça da noite para o dia. E existem boas razões para que transformar executivos em estrelas. Iacoccas e Moritas dão uma face humana para a empresa em que trabalham. Isto ajuda a ganhar a confiança de acionistas e futuros investidores.

— E isto também os ajuda a ganhar mais e a conseguir empregos melhores.

— Todos ficam contentes. Agora imagine o potencial do mercado. Fazer de cada presidente de empresa uma estrela da mídia, um mito inspirador para a patuléia... digo, seus liderados. Imagine o potencial de mercado.

Grand finale. Então, naquele momento mágico, que na verdade já durava mais de três horas, Jane levantou-se, sorriu para Victor K. e, sem dizer palavra, desapareceu na direção dos jovens epilépticos na pista de dança. Nosso herói pôde ver sua silhueta desaparecer na fumaça, seus ombros fortes e largos movendo-se com ritmo próprio, ignorando a artilharia eletrônica ao redor.

Chegara o final da noite. A conversa seguira num *crescendo* e atingira seu ápice. Jane não admitiria um papo morno e divagações. Seu *show* havia terminado. Victor K. não esboçou reação. Reconhecera desde o primeiro instante o jogo daquela maravilhosa mulher. E o aceitara.

Quando Victor K. saiu na rua, os primeiros sinais do dia ainda estavam distantes. Crianças dormiam debaixo das marquises, acomodadas em caixas de papelão. O consultor sentia-se envolto por uma névoa mágica. Talvez seu nome não fosse Jane. Talvez sua biografia fosse inventada, como aquelas que criava para seus clientes. Tudo em Jane parecia terrivelmente falso, e terrivelmente verdadeiro. Nosso herói havia encontrado a mulher de sua vida, isto era certo. E a história estava apenas começando.

Face a face com o Grande Irmão

Em mais uma perigosa missão, Victor K. e Jane Spittfire enfrentam o maligno sistema integrado de gestão.

O pedido de ajuda chegou codificado pelo correio eletrônico. Victor K. imediatamente localizou na sobrecarregada estante seu velho livro de códigos. O teor porno-político da mensagem não deixava dúvidas: o velho e bom código secreto potenkin, usado pela comunidade de consultores desde que a profissão fora banida.

Nosso herói começou a decifrá-lo diligentemente. O potenkin exigia perícia e paciência. Fora desenvolvido por um discípulo do cineasta ucraniano Sergei Eisenstein e, como a edição de seus filmes, baseava-se na contraposição dialética de sentidos, como nos ideogramas chineses.

La Vie en Rose. Nas duas horas seguintes, o Spielberg do PowerPoint foi pouco a pouco informando-se sobre uma tragédia singular: um pesadelo orwelliano estava se materializando não muito longe dali, em uma das maiores empresas do país. Victor K. descobriu o bastante para tirar-lhe o sono. O pedido de socorro vinha de George O., seu velho conhecido, importante executivo da multinacional LVR (La Vie en Rose).

O poderoso conglomerado vivia tragédia singular. A empresa, de origem européia, estava na América portuguesa desde o início do século. Sua história de sucesso era exemplar. Estratégias bem focadas, presença nas ante-salas do poder e um pouco de sorte ajudaram a criar um conglomerado que, nos seus anos de glória, faturava mais de US$2 bilhões por ano.

A raiz do problema atual estava nos anos 80, quando uma horda de executivos carreiristas havia lançado a empresa na onda dos modismos gerenciais. Ano após ano, com pompa e circunstância, a LVR adotou cada nova panacéia que surgia no universo gerencial. Controle estatístico do processo, qualidade total, alianças estratégicas e reengenharia. Nada escapava. Com as sucessivas ondas de novidades, executivos eram promovidos, consultores eram contratados e a vida seguia seu rumo.

Controle total. Então veio a "síndrome de 1984" (eles não deram este nome, a princípio). Tudo começou com uma incontrolável vontade de integrar informações e ter tudo sob absoluto controle. Surgiu de mansinho: primeiro, no Conselho de Administração; depois, na Diretoria. Então, do Departamento de Informática veio uma proposta: implantar um ERP, ou *enterprise resource planning*. Os argumentos eram irrefutáveis. Toda a empresa ficaria integrada num único sistema. Se um vendedor preenchesse um pedido em M'Boi-Mirim, imediatamente a fábrica receberia uma ordem de fabricação em Trancoso e pedidos de reposição de estoque seguiriam para os fornecedores de matérias-primas de Itajubá a Telavive.

O novo e prodigioso sistema era o sonho de todo executivo: a um toque no teclado, seria possível avaliar os gastos com cafezinho, o consumo de papel xerox e o impacto do tempo no toalete na produtividade das fábricas. Os competidores estavam adotando, a matriz estava exigindo e, se a LVR ficasse para trás, perderia a guerra santa da competitividade. Não foi preciso muita conversa para convencer a diretoria a investir

US$20 milhões no maravilhoso projeto. Afinal, qualquer coisa que custasse US$20 milhões teria mesmo que resolver todos os problemas da empresa.

Porém, inesperadamente, algo deu errado. Dezoito meses e US$25 milhões depois, a maravilhosa maravilha ainda funcionava precariamente. As vendas haviam caído e rebeldes começavam uma campanha difamatória, ligando o fraco desempenho de LVR ao novo sistema integrado de gestão. A onda de boatos não tardou a atingir os escalões superiores e foi preciso usar munição pesada na guerra de contra-informação, com técnicas apuradas de *endomarketing*, intimidação e ameaças veladas.

Contragolpe. Mas o pior estava por vir. No final de agosto, enquanto a reversão térmica mandava crianças para os ambulatórios e adultos tossiam nos congestionamentos, deu-se o contragolpe. Ninguém sabe exatamente como aconteceu mas, ao final do dia, quatro dos seis diretores haviam sido afastados e a equipe de tecnologia da informação, apoiada por mercenários (ex-consultores de sistemas e um exército de programadores Java) havia tomado o poder.

Os efeitos começaram a ser sentidos no dia seguinte. Um comitê de intervenção, composto por analistas de O&M, foi nomeado. Daquele momento em diante, tudo que acontecesse na empresa, da requisição de disquetes à formação de alianças estratégicas, deveria ser descrito por processos detalhados. Cada decisão, por mais insignificante que fosse, deveria ser cuidadosamente documentada, registrada em formulários padronizados e arquivada no banco de dados central.

Então, misteriosamente, no começo de outubro, o maligno sistema integrado sofreu uma paralisação de 30 minutos.

Depois disso, a "coisa" parece ter adquirido vida própria. Primeiro, parou de atender pedidos de clientes com sede em cidades com nomes indígenas. Em seguida, enviou uma ordem para todos os funcionários, tornando obrigatória a troca de cuecas duas vezes ao dia. Além disso, as cuecas deveriam ser utilizadas fora das calças, para que inspetores de qualidade pudessem checar mais facilmente o cumprimento da norma. Finalmente, o sistema passou a enviar ordens de compras para naturezas-mortas de Jackson Pollock, provocando grande tumulto na equipe de compradores, que não conseguia achar nada na especificação fornecida.

A cada dia o sistema dava provas de insanidade, enquanto os analistas fingiam que nada estava acontecendo e os executivos insistiam em dizer que a implantação fora um sucesso.

George O. pediu a Victor K. que agisse rápido e utilizasse todos os meios ao seu alcance. Nenhuma possibilidade estava descartada. Tudo era permitido. A recompensa, naturalmente, estaria à altura da difícil missão.

Em terreno inimigo. Já passava da meia-noite quando Victor K. ligou para Jane Spittfire, sua musa e parceira. A estonteante fêmea não se mostrou surpresa com o relato do Hemingway das planilhas eletrônicas. Não era a primeira vez que ouvia histórias estapafúrdias de computadores que se rebelam contra seus criadores. Mais de uma vez usara seus dotes de relações públicas para salvar executivos que tinham acreditado que tecnologia da informação tinha alguma relação com produtividade, e investido milhões em maravilhosos e inúteis sistemas. O plano de ataque foi traçado na calada daquela tórrida noite de inverno.

Segunda-feira, 8 da manhã. Victor K. estacionou seu velho e fumarento Cherokee no estacionamento privativo da LVR. Seu plano para passar pela segurança era simples. Bastava usar suspensórios. Desde o flagelo *yuppie*, todos os executivos da empresa usavam suspensórios.

Ao passar pelo portão principal, pôde ver de relance a deslumbrante Jane estacionando sua mini-van ao lado do portão. Se tudo funcionasse como previsto, no final da tarde estariam juntos comemorando no Dois Fernandos, o ponto de encontro dos consultores e economistas banidos.

Victor K. entrou sem problemas no prédio. Seu cartão magnético identificava-o como "Dr. Jeckyl, especialista em ergonomia". O sistema liberou a entrada imediatamente. Nosso herói entrou pelo corredor principal. Àquela hora da manhã, sabia que não encontraria vivalma. Nenhum executivo chegaria antes das 10 e isto lhe proporcionaria pelo menos duas horas para agir.

Não precisou dar mais que alguns passos para perceber os sinais do drama que atormentava seu velho amigo George O. A cada dez metros, um cartaz de plástico, destes que emporcalham a cidade com agradecimentos a Santo Expedito e promoção de ração para gatos dizia: "O Grande Irmão zela por ti."

No final do corredor nosso herói respirou fundo duas vezes e entrou na área de informática. Um pequeno aviso na porta indicava o novo nome: "Departamento da Verdade". Desta vez usou outro cartão magnético: "Steven Jobs, gênio". O sistema não só liberou a entrada, como exibiu uma simpática mensagem de boas-vindas: "Welcome aboard, Steve!" Victor K. sentiu-se seguro. Fizera o primeiro contato com o inimigo.

A porta automática abriu em seguida, dando para um salão preenchido por baias até onde a vista podia alcançar. Havia pelo menos duas centenas de funcionários naquele imenso espaço, duas centenas de zumbis, olhos grudados nas telas de computador. Nenhum deles notou sua passagem. Presas no teto, imensas telas de cristal líquido mostravam gráficos de vendas, diagramas de Pareto, planilhas indecifráveis e mensagens edificantes: "Nosso maior ativo é o ser humano"; "5.000.000 de cópias xerox economizadas no mês de março"; e o onipresente "O Grande Irmão zela por ti".

No canto esquerdo, ao fundo, Victor K. encontrou o que procurava: a entrada para o cérebro central do sistema integrado de gestão. Usou novamente seu cartão "Steven Jobs" e penetrou nos domínios do Grande Irmão. A sala era só circuitos eletrônicos, telas e teclados. Nosso herói podia sentir a pulsação daquele cérebro maravilhoso e pervertido. Trilhões de *bits* e *bytes* levando e trazendo informações em inimaginável velocidade. Naquele momento sua missão ganhou uma dimensão celestial. Precisava libertar aquela empresa do ímpeto totalitário que a aprisionara.

Sentou-se calmamente em um dos consoles, conectou seu *modem* e aguardou a chamada de Jane. Precisamente às 8:45h o computador de La Spittfire começava a descarregar o veneno que corromperia o Grande Irmão. Às 8:57h o serviço estava terminado. Victor K. desconectou o modem e caminhou de volta para o estacionamento. Na saída teve tempo de notar a simpática mensagem de despedida na tela do identificador: "Comeback soon, Steve!"

Precisamente às 9:05h nosso herói acelerava seu Cherokee e ganhava as ruas. Passou rápido por Jane, que já dava partida em sua mini-van. Dirigiram 200 metros e pararam os carros.

Então, pelos retrovisores, observaram os sinais de fumaça no prédio da LVR, enquanto alarmes de incêndio enlouqueciam os urubus do quarteirão. Era o fim do Grande Irmão.

Missão cumprida. Às 6h da tarde, Victor K. e Jane Spittfire saboreavam doses duplas de Old Darling no Dois Fernandos. *Cool* como Chet Baker, nosso herói sentia vertigens de alegria. Tivera seu dia, e Jane era toda platéia. E melhor ainda: ela não conhecia os detalhes da operação, o que garantiria a Victor K. bons quartos de horas de atenção daquela maravilhosa fêmea.

No primeiro encontro ela dominara o palco; agora a cena era dele, todinha dele. Hoje, Jane é que deveria fazer perguntas inteligentes e olhares interessados. E ela cumpriu seu papel, interpretando sua melhor Kim Basinger.

— Vamos, K. Você não vai me contar o que colocou naqueles arquivos que acabaram com o Grande Irmão?

— Nada demais, Jane, só uns programinhas.

— K., *pleeeease*.

— Ok, Jane. Você venceu. Foi uma coisinha simples... muito simples. Primeiro alimentei-o com algumas obras selecionadas de Freud... *you know*, a fase anal, aquela coisa toda.

— Peguei essa, K. O Grande Irmão é um anal-compulsivo, que quer controlar tudo e todos.

— Exato. Dei-lhe a chance de entender melhor a origem do seu comportamento. Ganhar perspectiva. Você sabe: olhar a floresta e as árvores. Um favor de amigo para amigo, pode-se dizer.

— Você é um humanista nato, K. Até mesmo com computadores.

— Mas não foi só isso. O segundo arquivo que você transmitiu a partir da base na mini-van foi uma biografia de Frederick Taylor.

— O pai dos tempos e movimentos? O maior anal-compulsivo de que se tem notícia?

— Certo! Ele mesmo, o herói dos engenheiros de produção. Então, para terminar, introduzi em suas entranhas uma coletânea de artigos sobre flexibilidade, novos formatos organizacionais, teoria do caos e complexidade.

— Genial, K.! Você deu um nó naquela montanha de *chips*. Ele percebeu que tinha que rever seus paradigmas (*sorry*!).

— E só tinha um jeito de fazer isto. Queimando seus próprios circuitos. Xeque-mate!

La Spittfire olhou longamente para Victor K., simulando Michelle Pfeiffer em *Dangerous Liaisons*. Foi o mais longo olho no olho feminino que Victor K. jamais recebera, excluindo imagens congeladas no vídeo, é claro. E a noite estava apenas começando...

O TRISTE CASO DOS EXECUTIVOS SEM CÉREBRO

VICTOR K., O CONSULTOR QUE PENSA QUE É BOGART,
REENCONTRA O AMIGO SIGMUNDO F.,
HOMEM DE RECURSOS HUMANOS.

A última vez que se viram, o presidente da República chamava-se José e havia cometido contra a literatura pátria *Marimbondos de fogo*. Foi-se o José, com seus perigosos insetos. Pelo Planalto passaram dois narcíseos Fernandos, entremeados por um cômico mineiro. Tudo isto antes que a Presidência fosse privatizada e terceirizada, e caísse sobre a tutela da idônea IMF — Presidents of America, a discreta firma que gerenciava, via satélite, sete entre dez países *subemergentes*.

Passaram-se 15 anos. Porém, o destino, esta misteriosa entidade atrapalhadamente comandada pelos especuladores de Wall Street, os uniria uma vez mais. Victor K., o consultor clandestino, voltaria a ver seu velho amigo Sigmundo F., talentoso homem de recursos humanos.

Ideário *yuppie*. Victor K. e Sigmundo F. conheceram-se nos tediosos anos universitários. Formaram-se na última hora dos governos militares, uma geração sem grandes causas, além de conseguir um empreguinho em multinacional. Quando entraram na faculdade, direita e esquerda eram conceitos ultrapassados e o deprimente ideário *yuppie* começava a fincar raízes.

Os dois amigos dividiam um quarto-e-sala. Na universidade, matavam o tempo como a maioria dos universitários de

Pindorama: fingiam que aprendiam enquanto os professores fingiam que ensinavam. O campus, como tantos outros, lembrava uma roça abandonada: prédios de concreto sujos e mal cuidados, mato crescendo por toda parte, atividade mental próxima de zero. Aqui e ali, adolescentes bebericando cerveja, jogando truco e ostentando a plenitude de sua ignorância em monólogos infindáveis.

Victor K. era membro aspirante da "esquerda escocesa". Certa vez, lera todo o capítulo sobre mais-valia relativa de *O Capital*, o que o colocava em posição de superioridade perante os imberbes colegas. Sigmundo F. era um livre-pensador, postura que desenvolvera estudando a revolução albanesa e assistindo filmes dos irmãos Marx.

Victor K. estudava engenharia. Por anos, suportou heroicamente professores mal-humorados, colegas esquizóides e disciplinas idiotizantes. Foi o suficiente para afastá-lo definitivamente da profissão. Sigmundo F. estudava filosofia. A baixa relação candidato-vaga no vestibular e a piscina do campus haviam sido decisivos na escolha da carreira.

Perversão. Os amigos eram inseparáveis: moravam juntos, viajavam juntos e dividiam as poucas mulheres que passavam por suas vidas. O rompimento veio no último ano da faculdade. Certa noite, sozinho no apartamento, Victor K. descobriu fitas dos Beatles (arghhhh!) escondidas no armário de Sigmundo F. Tudo ele poderia perdoar, menos tal perversão. Aquilo era demais!

Daquele dia em diante, os dois passaram a se evitar. A festa de formatura serviu de funeral para a velha amizade. Victor K. seguiu sua ascendente carreira de consultor, até que a profissão fosse banida e ele tivesse que cair na clandestinidade. Sigmundo F. teve um início de vida profissional conturbado, até tornar-se executivo de sucesso.

Vida errante. Nos primeiros anos, a estranha trajetória de Sigmundo F. parecia levar do nada a lugar nenhum, como uma Transamazônica cheia de meandros e túneis, passando por diferentes países, mulheres e filosofias. Depois da faculdade, mudou-se para Florianópolis com uma colega chamada Alzira M., mas que adotara o nome de Luana S., para combinar com a cidade. Ficou por lá, cultivando o cavanhaque e fazendo miçangas até que se cansou da parceira, que se recusava a usar desodorante.

Sigmundo F. decidiu tentar a vida na Baixa Califórnia, onde entregou comida chinesa e estudou filosofia indiana, e vice-versa. Sempre atormentado por um profundo sentimento de vazio, freqüentava templos esotéricos e assistia compulsivamente filmes de kung-fu.

Então, vagando uma noite por Venice Beach, conheceu uma estranha texana, que lembrava Jessica Lange e ensinou-lhe a variante Austin do kama-sutra. O curso intensivo durou cinco dias e cinco noites, período ao final do qual não podiam mais olhar um para o outro nem comer pizzas de gorgonzola. Na despedida, num derradeiro ato de amor. A fogosa texana confiou-lhe o segredo do sentido da vida: o MBA de Wharton.

Interpretação dos sonhos. Na respeitada escola de negócios, Sigmundo F. tornou-se um homem de verdade: aprendeu a língua dos executivos e as mais sofisticadas técnicas de alpinismo empresarial. Foi neste templo do saber que conheceu Melanie K., o grande amor de sua vida. Esta filha do Mississippi, dona de seios de fazer inveja a Jane Mainsfield, estudava psicologia e desenvolvia revolucionária tese de doutoramento. A tímida e esforçada Melanie estudara toda a obra de Carl Gustav Jung e desenvolvera uma sofisticada técnica para recomendar decisões estratégicas a partir da interpretação dos sonhos dos executivos-chefes.

Sigmundo F. e Melanie K. tornaram-se inseparáveis, sonhando com a fama e a fortuna que fariam juntos. O romance entre os dois foi tórrido e tempestuoso, deixando profundas marcas no coração de Sigmundo F. e na mobília da sala. O final foi abrupto, inesperado. Numa plácida tarde de primavera, Melanie K. anunciou que se apaixonara por um brilhante economista, que desenvolvera uma tese sobre a influência de Saturno sobre o mercado de derivativos. Juntos, mudaram para Boston e abriram uma bem-sucedida firma de consultoria.

O rompimento abalou profundamente Sigmundo F. Deprimido e solitário, passava os dias vagando pela biblioteca, procurando a redenção entre os periódicos de marketing. Sua mente perturbada já considerava soluções extremas, como alistar-se na Legião Estrangeira ou candidatar-se a uma vaga num banco de investimentos. Felizmente, uma proposta de trabalho salvou-o do deserto — de areia e de idéias.

Carreira de sucesso. Após o curso na prestigiosa escola americana, o jovem executivo empregou-se na BDSM Beauty, promissora fabricante de cosméticos com base em Calgary e filiais em três continentes. Hábil e dedicado, Sigmundo F. foi assumindo cargos cada vez mais importantes, até que surgiu uma oportunidade para voltar para Pindorama, como diretor de Recursos Humanos.

A função era um sonho, e lhe proporcionaria poder, status e pouco trabalho. Mas a estrela ascendente não se acomodou.

Em sua terra natal, comandou projetos bem-sucedidos e tornou seu nome uma referência na comunidade de recursos humanos.

Seu projeto mais querido foi o programa especial de *trainees* (PET), que introduzira com zelo de mãe judia italiana na filial brasileira. A BDSM queria expandir e precisava de talentos jovens e mal remunerados. O objetivo era atrair gente dócil, jovens criados nos condomínios de São Paulo e Rio de Janeiro, no padrão *"shopping center* e televisão". Nada de *jovens turcos* ou rebeldes sem causa.

Idéia revolucionária. Os *trainees* passavam por um bem-cuidado processo de reeducação, inspirado em certas técnicas do Khmer Vermelho e de O.G. Mandino. Porém, a grande inovação veio com a remoção total dos cérebros. Sigmundo F. trouxera o conceito de um congresso na Ásia, onde muitas empresas, para aumentar a competitividade, passaram a extrair o cérebro de seus executivos. As vantagens eram notáveis e, em muitas empresas, nem se percebia a diferença.

A idéia revolucionária foi incorporada ao PET. A operacionalização era simples e barata: no segundo mês de treinamento, os jovens executivos submetiam-se a uma pequena cirurgia, onde o cérebro era removido. Em seu lugar, colocava-se um pequeno *chip*, que ficava ligado a um cérebro central. Neste super-servidor ficavam armazenadas, em diferentes discos rígidos, as memórias individuais, as opiniões políticas, os padrões de comportamento e os padrões éticos. Tudo cuidadosamente *reengenheirado* pela empresa.

Misterioso enigma. Mas o inovador programa de *trainees* da BDSM Beauty estava passando por dificuldades. Depois de alguns anos, executivos que passaram pelo PET começaram a apresentar atitudes inesperadas. Muitos estavam tomavam decisões e demonstravam elevado grau de autonomia. Alguns até se comportavam como se ainda tivessem livre-arbítrio e fossem capazes de pensar por si próprios. Era como se tivessem recuperado a atividade cerebral.

A situação começava a ficar crítica quando Sigmundo F. lembrou-se do velho amigo da universidade. A fama de Victor K. no submundo da consultoria era sólida. Se havia alguém que poderia resolver o enigma dos executivos sem cérebro, este era o velho e bom Victor K.

O reencontro dos amigos não chegou a ser caloroso. Trocaram breves reminiscências e, profissionalmente, mergulharam no tema da reunião. O problema era sério e precisava ser diagnosticado antes que a matriz percebesse os problemas e a invejável folha de serviços de Sigmundo F. fosse maculada.

Grapelli-Reinhardt. Victor K. sentiu um terrível vazio no estômago ao ouvir o problema do amigo. A idéia de remoção de cérebros calou fundo na alma do romântico consultor, um humanista anacrônico. Porém, o dever profissional fê-lo recomendar o famoso teste Grapelli-Reinhardt, desenvolvido originalmente para detectar vida inteligente em diretorias de empresas estatais.

O teste fora também aplicado na esfera das empresas privadas por Mulligan & Brubeck. O cuidadoso estudo desses pesquisadores comprovou que a atividade cerebral era inversamente proporcional ao nível hierárquico e que muitos executivos-chefes não passavam de amebas com ego superdesenvolvido e ambição fora de controle.

Por coincidência, a parceira de Victor K., a estonteante Jane Spittfire, fizera pós-doutorado em neurologia e conhecia profundamente o famoso teste. Se houvesse atividade cerebral entre aqueles executivos, ela saberia dizer.

Jane em ação. A chegada de Jane na BDSM Beauty causou *frisson*. A maravilhosa fêmea era puro fetiche. Seu andar seguia o compasso de um ritmo inaudível, orquestrado pelo mais sensível Piazzola e executado pela melhor formação da Orpheus Chamber Orchestra. A calça justa e os saltos altos acentuavam a silhueta perfeita. Ajudada por um enfeitiçado Sigmundo F., a diva do psicotécnico instalou-se em uma confortável e discreta sala, de onde comandou o aguardado diagnóstico.

O trabalho todo durou duas semanas. Todos os executivos suspeitos de atividade cerebral passaram por La Spittfire. Nenhum lhe foi indiferente. Seu corpo escultural, envolto numa permanente aura de mistério *noir*, fez suspirar os mais tímidos e transpirar os mais afoitos. A maravilhosa Jane seria capaz de despertar a libido até mesmo em auditores. Manter a consciência diante daquela epifania do desejo exigia a remoção não só do cérebro, mas de várias outras peças vitais da anatomia.

Diagnóstico arrasador. O diagnóstico final foi apresentado em duo por Jane e Victor K. Sigmundo F. ouviu quieto e circunspecto. As constatações eram arrasadoras: nada menos que 50% dos executivos ainda colocavam a família acima da empresa, 54% ainda dedicavam parte do tempo livre ao lazer e nada menos que 70% discordavam que Peter Drucker fosse o maior filósofo que a humanidade conheceu. Não havia dúvidas: ainda existia atividade cerebral naquelas pessoas. Pior, mais cedo ou mais tarde havia o risco de ressurgir vida inteligente. Por algum obscuro motivo, o PET havia falhado. A remoção dos cérebros não havia sido bem-sucedida.

Sigmundo F. despediu-se afoito da famosa dupla de consultores. Sua fulgurante carreira estava em perigo. Precisava agir rápido. Sentia-se sufocar pela possibilidade de ter que conviver com vida inteligente na empresa. A solução seria radical: enviaria imediatamente todos os executivos para o famoso curso de reengenharia do Dr. Hammer, no Colorado. Pelo que se sabia, jamais um executivo voltara com cérebro daquela imersão de duas semanas.

Naquela noite, num canto escuro do Dois Fernandos, nossos heróis, sorumbáticos e silenciosos, pediram doses triplas de Old Darling. O triste caso dos executivos sem cérebro havia tocado fundo em seus experimentados corações de consultores. Sombrio, Victor K. só conseguia repetir para a maravilhosa Jane:

— Beatles (arghhh!). Ele gostava dos Beatles. Só pode ser isso...

A VOLTA DE VICTOR K.

EM MAIS UMA PERIGOSA AVENTURA, O CONSULTOR CLANDESTINO ENFRENTA O PODEROSO VÍRUS DA INCONTINÊNCIA VERBAL.

Final de tarde na cidade. Alheio a tudo e todos, Victor K., o consultor clandestino, relaxa impávido em sua banheira. Depois de várias missões perigosas, o Spielberg do PowerPoint curte merecido ócio. A poucos metros dali, Jane Spittfire, sua estonteante parceira, passeia sua maravilhosa silhueta pela biblioteca do príncipe dos consultores.

Então, inesperadamente, o alarme do *notebook* começa a soar. O ritmo e a altura fazem Victor pular da banheira. Ele chega à biblioteca em segundos, juntando-se à Jane na frente da tela. Ambos sabem que se trata de um pedido desesperado de ajuda.

Socorro urgente. Jane digita agilmente os códigos secretos, solicitando ao cérebro eletrônico que decifre a mensagem. Passam-se mais alguns segundos e o pedido de socorro surge transcrito na tela. Victor e Jane o lêem em silêncio, virando-se automaticamente um para o outro ao final de cada parágrafo.

A empresa em perigo: nada mais, nada menos que a DDR-Metais, um dos mais fortes grupos internacionais presentes no país, conhecido pelo estilo de gestão austero e conservador. O problema: queda na participação de mercado, prejuízos e total incapacidade para tomar decisões. Em suma: mais uma difícil missão para Victor K. e Jane Spittfire.

Como outros casos, também neste o cliente exige sigilo absoluto. Os fabulosos consultores receberiam passe livre para entrar e circular na empresa, mas teriam que usar nomes e identidades falsos. Um diagnóstico seria esperado em 20 dias.

Nossos heróis passam o fim de semana preparando-se para a missão. Compram roupas executivas, assistem filmes executivos, almoçam em restaurantes executivos e lêem revistas executivas. Passam a agir (agitadamente) e falar (freneticamente) como executivos, não sem provocar vez por outra gostosas gargalhadas pela péssima qualidade do *script*. Na noite de domingo, são executivos perfeitos. Na manhã de segunda-feira, dirigem-se para a sede da DDR.

Investigação cuidadosa. No decorrer da semana, Victor e Jane misturam-se à fauna e flora executiva. Assistem reuniões, entrevistam diretores, almoçam com gerentes e conversam com secretárias. Nos finais de tarde, reúnem-se para trocar impressões e encaixar peças no formidável quebra-cabeça que estão montando.

Nos primeiros dias, nossos heróis não percebem nada de mais. Somente a dosagem usual de megalomaníacos, egocêntricos e vaidosos, como em qualquer outra empresa normal. Com o passar dos dias, entretanto, começam a perceber algo de estranho no ar: todos falam muito, o tempo todo. O pequeno estranhamento vai ganhando corpo e transforma-se em terrível suspeita. No final da segunda semana, nossos heróis já têm uma hipótese central para checar. O teste definitivo deve ser feito durante uma visita à fábrica.

A principal unidade de produção da DDR fica na Zona Sul da cidade, mas o acesso só é possível de helicóptero, pois as gangues de fiscais da periferia haviam se unido com as gangues de incorporadores imobiliários e criado um cordão de isolamento praticamente intransponível. Victor K. chega à unidade fabril às 9h da manhã. Sua visita pelas fétidas e insalubres instalações estende-se por todo o dia, o suficiente para o George Lucas do retroprojetor confirmar suas mais terríveis suspeitas.

Diagnóstico certeiro. Naquela noite, na aconchegante biblioteca, Victor e Jane preparam seu relatório final. A conclusão é inequívoca: a DDR inserira-se na longa lista de vítimas do terrível vírus da incontinência verbal. Os sinais eram claros e os efeitos devastadores. Segundo especialistas, a ação do vírus equivale ao trabalho de até cinco empresas de consultoria agindo simultaneamente.

A literatura sobre o assunto era vasta, porém pouco conhecida fora do meio científico. K.K. Weick, um acadêmico da Louisiana, por exemplo, advoga que o vírus originara-se no departamento de relações públicas de um grande conglomerado financeiro e espalhara-se por meio do movimento da qualidade. E.E. Abrahanson, um professor da Nova Zelândia, estudara o processo de difusão do vírus em todo o mundo e concluíra que os principais agentes de transmissão haviam sido os consultores e a mídia de negócios. G. Whittle, um pesquisador irlandês radicado no Tibet, dedicou anos de trabalho a entender o ciclo de vida do vírus, concluindo que ele sofrera mutações genéticas pelo menos uma dúzia de vezes, sendo as mais virulentas aquelas associadas à *reengenharia* e aos processos de *downsizing*. Finalmente, M.M. Alvesson, da Finlândia, comprovara que executivos contaminados apaixonavam-se pelo uso da retórica e não conseguiam mais distinguir a fantasia da realidade.

Como no caso da DDR, as conseqüências eram dramáticas. O vírus costumava atacar primeiro as áreas centrais e a diretoria. Então, rapidamente, espalhava-se por toda a organização. Nos primeiros casos, registrados no início da década de 1980, a contaminação levava até 50 meses. No final da década de 1990, o avanço da tecnologia da informação, as teleconferências e o correio eletrônico já haviam reduzido o ciclo para seis meses.

O processo era fulminante. Em pouco tempo, a organização era transformada no que os estudiosos passaram a denominar "empresa-matraca": muitas conversas, muitas reuniões e nenhuma decisão. A ansiedade para falar e ser ouvido tomava conta do ambiente de trabalho e os momentos de silêncio e reflexão desapareciam, junto com a capacidade de ouvir o outro.

Pílula Brock Vond. Há mais de uma década cientistas estudavam antídotos para o terrível vírus da incontinência verbal. A maioria dos tratamentos tinha base psicoterapêutica e buscava reverter a ansiedade falatória dos contaminados. Eram caros e demorados.

Victor K. sabia que a DDR não poderia esperar. Alguns meses mais e o vírus tomaria conta da empresa, bloqueando totalmente a capacidade de tomar decisões. Só havia uma solução possível: a famosa pílula Brock Vond, da Pinchon & Pinchon.

A pequena pílula, pouco maior que uma inocente aspirina, fora o resultado de anos de pesquisa, o cruzamento da mais avançada tecnologia da informação com a engenharia genética e a psicologia *behaviorista*. O efeito é múltiplo e acontece já nas primeiras 24 horas.

A dose mínima reduz a capacidade de expressão a 5.000 palavras por dias, além do que a voz desaparece progressivamente. A pílula também pode ser programada para comandar reações neuroquímicas quando palavras sem sentido são pronunciadas. Por exemplo: ao pronunciar "empowerment" ou "benchmarking", o falador é acometido de fortes náuseas. Se as palavras "paradigma" ou "cultura organizacional" forem pronunciadas inadvertidamente, a reação poderia levar o incontinente palrador a um estado de coma passageiro. Em quase todos os países em que a pílula havia sido testada, o sucesso fora absoluto. Uma única exceção perturbava os cientistas: a Itália, onde a pílula não parecia fazer qualquer efeito.

Victor e Jane enviaram suas recomendações durante a madrugada para a sede da DDR. Dois dias depois, uma mensagem de 15 páginas (provavelmente o emissor continuava sob o efeito do vírus) parabenizava a fantástica dupla pelo trabalho concluído, comunicava que a solução seria imediatamente implantada e notificava que uma astronômica soma havia sido depositada na conta corrente dos paladinos do *management*.

Naquela noite, o príncipe dos consultores clandestinos e La Spittfire brindaram o sucesso de mais uma difícil missão com o mais perfeito silêncio, a dois.

8

Além dos jardins corporativos

"A burocracia continua a defender o status quo, *mesmo depois que o* quo *já perdeu o* status.*"*

Laurence J. Peter

O AMIGO AMERICANO

*UM PROFESSOR DE MANAGEMENT,
UM ESCRIBA TUPINIQUIM,
DRUMMOND E A ANTROPOFAGIA:
A GLOBALIZAÇÃO
PASSA POR PINDORAMA!*

Durante seu doutorado, tal qual um etnógrafo solitário, o amigo David cruzou do Rio Grande em busca do "seu nativo". Estudioso do maravilhoso mundo do *management*, seguiu a migração das idéias de gestão: queria saber como os conceitos e métodos surgidos nos Estados Unidos eram empregados em contextos tão diferentes das plagas nórdicas. Sua tese bem poderia ganhar o título de "desastres causados pelo *cluster* de Boston em terras tropicais". Mas David não foi tão ferino: limitou-se a mostrar como o calor tropical derretia práticas de recursos humanos tão populares na pátria ianque. Sob o céu inclemente, instituições em desenvolvimento e cultura diferente, métodos consagrados viravam peças para inglês ver, constatou o intrépido acadêmico.

Conhecemo-nos um pouco antes de suas andanças. Por razões que a própria razão desconhece, mas talvez o Google possa explicar, David tomou contato com um texto deste autor. A prosa em questão emulava, no limite das possibilidades, a trajetória dos modernistas paulistas. O tema era a velha antropofagia. Se nossos índios podiam e nossos vanguardistas também, por que não nossos gerentes? A proposta gastronômica era saborosa: a receita e o paladar viriam de nossos guerreiros ancestrais, que só comiam carne de primeira. Para a cerimônia da deglutição, era preciso que o derrotado fosse outro guerreiro de valor. Então, por que não repetir seus bons costumes e mandar para o caldeirão os Porters, Coveys e Senges que infestam nossas salas de espetáculo corporativo? Os de valor seriam respeitosamente devorados: suas idéias seriam absorvidas, transformadas e aplicadas.

Então o bom David, membro de uma tribo de ex-colonizados, hoje colonizadores, converteu-se. Antropófago branco, viu, sorveu e saboreou. Assumiu nossa prática e incorporou ao seu repertório. Da digestão veio a transformação, e dela novas idéias brotaram. Com os ideais antropofágicos na bagagem, aportou nas terras tupiniquins e em noutras mais. Veio, viu e explicou. A tese, pelo que se sabe, vingou.

Escreveu-me perguntando sobre um poema do Carlos Drummond de Andrade. A obra em questão era a conhecida "No meio do caminho", publicado na *Revista de Antropofagia*, nos anos 20: *No meio do caminho tinha uma pedra / tinha uma pedra no meio do caminho / tinha uma pedra / no meio do caminho tinha uma pedra. / Nunca me esquecerei desse acontecimento / na vida de minhas retinas tão fatigadas / Nunca me esquecerei que no meio do caminho / tinha uma pedra / tinha uma pedra no meio do caminho / no meio do caminho tinha uma pedra.*

Passei a informação e cobrei a explicação. O ciclo da globalização novamente se fechava: *"colonizador ex-colonizado recolhe energia antropofágica com ajuda de colonizado, ainda colonizado"*, diria a improvável manchete. A resposta veio na velocidade da Internet: o bom David havia perdido sua posição de professor de *management*. *"Last in, first out"*, revelou lacônico. Ocioso, passou a se dedicar ao *rafting* e à escultura. Do *rafting* em Colorado Springs, tirou bons momentos de emoção. Das esculturas, feitas com aço de sucata, tirou um prêmio. Uma de suas obras, exibidas numa mostra local, ganhou medalha, foi comprada pela prefeitura e instalada com honras no teatro municipal. Humilde, o artista improvisado admitiu que o mérito principal da obra passava longe de suas dobras, reentrâncias e curvas. Seu principal atrativo era a interpretação que a acompanhava: uma ode à importância da diversidade para a reconstrução dos valores comunitários. Na pátria do politicamente correto, a retórica do artista foi onde o discurso do povo estava.

Descoberto o caminho do sucesso, o artista agora havia decidido usar o nosso querido poetinha para dar substância a uma nova imagem que havia criado, ou vice-versa! No cruzamento do pós-moderno pós-gótico nórdico com a velha antropofagia pré-barroca tupiniquim, talvez estivesse o caminho de mais um prêmio, ou uma pedra no caminho, ou o que acontecer primeiro.

Os teóricos do caos dizem que uma borboleta batendo asas no Texas pode provocar um tornado na Amazônia — ou vice-versa! Onde estaria a borboleta em nossa história não é possível dizer. Talvez os círculos múltiplos de interação tenham começado com nossos comensais originais. Talvez não. Onde quer que a coisa tenha começado, talvez em pouco tempo tenhamos uma pedra brasileira no caminho dos ianques do Colorado. Coisas da globalização.

A IDENTIDADE, COMPANHEIRO!

PARA A NOVA TRUPE DO DESCAMPADO CENTRAL, A RECONSTRUÇÃO DA IDENTIDADE COLETIVA É UMA QUESTÃO-CHAVE, A ENVOLVER TORTUOSO DIÁLOGO ENTRE A IMAGEM E A SUBSTÂNCIA.

A recente dança das cadeiras trouxe alguma esperança, ensaios de mudanças e incômodos diversos. Enquanto a massa mercadológica de manobra respira aliviada com a ortodoxia dos novos mandatários, noutras plagas alguma algaravia crítica se esboça: de um lado, os destronados do antigo círculo íntimo; de outro, alguns amigos do novo poder, notadamente aqueles de idéias antediluvianas e cintura rígida. No cerne da discórdia a aparente transformação de causas e efeitos, pesos e medidas, organização e métodos sofrida pelos novos senhores de Pindorama.

A voz do passado soava justa e honrada, porém revelara parca eficácia nos embates eleitorais. O avanço rumo à várzea planaltina, além de Catalão e Itumbiara, exigia novas estratégias. Solução óbvia: alterar levemente a substância e mudar com fanfarras a imagem. Para operar tão sofisticada alquimia, foram convocados os senhores das sensibilidades populares, notáveis conhecedores dos meios e das mensagens.

Colhidos nas urnas os resultados, surge o momento para a mais engenhosa das artes: transmutar imagem em substância. No maravilhoso mundo da fantasia eleitoral, metáforas e metonímias simplificam a realidade, aparam arestas e conciliam divergências. No duro embate com questões de muito pão e pouco circo, contradições e limitações saltam histéricas. Por hora, o refluxo da catástrofe anunciada e não acontecida salva o dia. Por hora...

Trata-se, cabe notar, do clássico desafio da identidade diante da mudança. Sim, por que o grêmio partidário em questão tem — ou tinha — identidade forte, forjada por anos de retórica e prática oposicionistas. As urnas inverteram papéis consolidados, os seus e os dos outros. Agora, até mesmo os novos oposicionistas enfrentam crise. Os mais afoitos já cuidam da troca da imagem e do logotipo, que a substância pode ficar para mais tarde, se ficar.

O conceito de identidade vem da lógica e da filosofia clássica. Refere-se às noções de permanência, singularidade e coerência. A identidade é algo que resiste ao tempo, que nos diferencia uns dos outros e que nos confere coerência interna. Num mundo de fluxo e movimento, a identidade funciona como uma âncora marítima: permite mover, mas provê a defesa necessária contra as intempéries e evita que sejamos levados pela correnteza.

Para o indivíduo, a identidade é um processo contínuo de construção, algo sujeito ao contexto social. Indivíduos submetidos a grandes traumas, como guerras ou catástrofes naturais, podem sofrer a chamada "crise de identidade": a perda do sentido de unicidade pessoal e da continuidade histórica. Com isso, pode se esvair o tênue fio da razão.

O conceito pode também ser aplicado ao coletivo: empresas, nações, grupos étnicos e partidos políticos podem ter identidade. Também neste caso, traumas ou mudanças radicais podem gerar crises e colocar em risco o sentido de unicidade e coesão. Conseqüência: fragmentação e risco de dissolução.

Em tempos de mundialização e virtualidade, há quem argumente que a identidade é pouco mais que figura de linguagem, algo de valor didático, porém pouco uso prático. Acossado pela mídia onipresente e por múltiplas exigências sociais, o indivíduo teria se tornado um verdadeiro cabide de personagens, usados de acordo com a ocasião.

Por sua vez, muitas organizações estariam trilhando mais e mais o caminho do efêmero. Premidas por condições ambientais sempre cambiantes, não seriam mais que fragmentos incoerentes, frouxamente agrupados em arranjos de ocasião. Na fachada, uma imagem de cores básicas e fortes; por trás, uma indefinida salada de valores e práticas.

De volta ao descampado central e seus novos personagens, é saudável alertar que a transição do "momento imagem" para o "momento substância" vai requerer sangue, suor e lágrimas. A crise da mudança de papel deve bem-vinda e seus desafios devem ser aceitos. Afinal, é um bom momento para que as ambigüidades sejam esclarecidas e as contradições sejam enfrentadas. Identidades sólidas são construídas pela via da história e dos valores compartilhados. Porém, apenas se consolidam pela via da ação transformadora sobre a realidade.

É usual que mudanças comecem com uma grande dose de hipocrisia e *wishful thinking*. Mas a etapa seguinte é outra coisa. Requer mais que retórica. Pindorama aguarda ansioso.

Calçadas cidadãs

Em benefício das gerações futuras, é preciso realizar mudanças estruturais e promover a reconstrução nacional.

Não, leitor, não se trata de nada que possa agitar o mercado financeiro. Nenhuma similaridade com propostas farabundistas, zapatistas ou similares. Nada que possa derrubar o dólar ou elevar os juros. É algo mais simples e singelo. Nas grandes cidades brasileiras, onde qualquer pedaço de terra que não lembre Kabul é considerado o *ne plus ultra* da urbanidade, impõem-se um projeto cívico de magnitude: a construção, ou reconstrução, das calçadas. Isso mesmo: calçadas, aquelas tirinhas espremidas entre as ruas e os paredões "carandiru *soft*" das casas brasileiras.

Então vamos às considerações de ordem prática: a primeira coisa a fazer é ter as calçadas. Simples e básico! Elas devem ser planas e de altura e largura constantes. Avançar na calçada, como fazem as grandes incorporadoras e os pequenos construtores, deve ser terminantemente proibido (isto sim é revolução!). Empresas de TV a cabo — esta expressão capitalista da alienação e do *dumbing down* — devem ser banidas e companhias de gás, luz e telefone devem ser obrigadas a planejar juntas o trabalho antes de iniciar obras (outra revolução!).

A segunda medida é prover tratamento adequado aos alienígenas: aqueles seres que não pertencem às calçadas, porém a invadem sem pudores. Uma calçada, como se sabe, não se destina à circulação de motos ou a estacionar um Pathfinder, como crê minha vizinha. Aos ferros com a infame! Ela que vá estacionar seu Nissan em Bangu 2.

A terceira medida refere-se aos pedestres, estes seres que aqui nos trópicos são de generosa impertinência e rara civilidade. Neste caso, será preciso um esforço normativo. Fato complicador: a existência de tribos selvagens como os acompanhantes de cachorros e os viciados em celular. E não esqueçamos os bêbados e as mulheres em delírios de consumo: também casos de alta periculosidade. Todos esses são capazes de movimentos abruptos e desvios perigosos. Em cidades cada vez violentas não dá para facilitar: qualquer encontrão pode ser fatal.

Não adianta tapar o sol com a peneira! O que precisamos é de regras draconianas. Primeiro, que se respeitem as mãos de direção. Imagine quantos encontrões, insultos desnecessários e pequenos acidentes poderiam se evitados. Segundo: que se evitem paradas abruptas. Numa calçada congestionada, com pedestres em alta velocidade na hora do *rush*, armados com bolsas e *notebooks*, uma parada sem sinalização pode provocar um engarrafamento. Terceiro, ao caminhar com colegas, que se evite ocupar todas as faixas. Se o grupo for grande, deve ser dividido em pares. Havendo decisões a tomar, que o grupo seja deslocado para bolsões específicos de *decision ma-*

king, preferencialmente no subterrâneo. Quarto, que se avance em velocidade compatível. Lembremo-nos dos condutores autistas, pilotando Kombis a 60 km por hora na pista expressa, ou dos adolescentes desvairados, acelerando Dakotas e Unos Mille como se enfrentassem chicanas em Monza. Pois é! Você pode estar fazendo o mesmo na calçada. Quinto, que se desliguem todos os celulares. Os viciados no terrível aparelhinho ficam tão absortos que esquecem as mais prosaicas regras. Um estudo britânico constatou que o celular apresenta maior potencial de causar acidentes de trânsito que o álcool. Não é diferente nas calçadas. Um pedestre com celular é como um míssil sem direção: pode atingir qualquer um.

Mas a melhora das condições de vida nas calçadas pode ir além destas cinco regras. No mundo ideal, cada pedestre perceberia de forma "holística" a comunidade de irmãos transeuntes, observaria o fluxo de forma "sistêmica", avaliaria o impacto de cada movimento e não esqueceria jamais do princípio da catástrofe: um pequeno *input* num sistema instável pode gerar um efeito devastador. Então, de fato, estaríamos preparados para um nível superior de civilidade.

Proposta ingênua ou descabida? Provavelmente. Porém há certa dignidade humana em não ser expulso para a rua por camelôs e carros que confundem espaço privado e público. Em Bogotá, até a metade dos anos 90, as calçadas eram dominadas por carros. Então, o exótico alcaide Antanas Mockus iniciou um programa de construção de calçadas e educação da população. A iniciativa vingou e a cidadania foi estimulada, com reflexos positivos em toda a sociedade. Os resultados obtidos talvez motivem os céticos. Seria um bom começo para Pindorama superar a condição de acampamento selvagem que vigora há mais de 500 anos.

DOMAINE DE LA CONCEIÇÃO

TUDO PELO SOCIAL:
UMA PROPOSTA RADICAL
PARA RECUPERAR
UM DOS BAIRROS MAIS
DEGRADADOS DE SÃO PAULO.

Saiu em revistas de bairro, em *Veja São Paulo* e até mesmo em *CartaCapital*. Para observadores variados, o bairro da Vila Nova Conceição, Zona Sul de São Paulo, é o *ne plus ultra* da vida urbana: uma região nobre, bem localizada, com prédios de alto padrão e, claro, metro quadrado de valor astronômico. Mas as aparências enganam. Um exame mais próximo revela uma realidade mui distinta daquela propagada pelas revistas e pelos especuladores imobiliários. O bairro é uma ilha de degradação, de vizinhança igualmente desafortunada. A leste, o Parque Ibirapuera, nos fins de semana assaltado por seguidores de Átila. A oeste, a Avenida Santo Amaro, paraíso dos pichadores. Ao norte, casas de massoterapia e pizzarias. Ao sul, depois da Avenida Afonso Brás, onde todo estabelecimento comercial mais cedo ou mais tarde se transforma em agência bancária, o Haiti.

Como os bairros circunvizinhos, a Vila Nova é um paliteiro desordenado, de crimes arquitetônicos diligentemente projetados por admiradores de Las Vegas e Donald Trump. Seu coração é a Praça Pereira Coutinho, um pequeno corredor verde, ladeado a oeste por uma torre maciça de concreto, que bem passaria por uma necrópole vertical, e a leste por duas erupções de estilo neoclássico ("neocarandiru" talvez fosse mais adequado) e nome francês, cujo térreo bem poderia servir de hangar para pequenas aeronaves.

Nas áreas de terra arrasada, agora raras, as placas esclarecem: seis suítes, cinco salas, sete vagas. Exagero? De forma alguma. O sertanejo, um forte, fugiu de alguma região de pouca chuva e nenhum futuro, conseguiu um empreguinho público, uma coisinha aqui e outra ali, o patrimônio foi crescendo. Então, precisa de um apartamento maior, para a família e a criadagem. Caso similar, os estudantes de Araçatuba e Ribeirão também precisam de um cantinho na cidade.

Na Vila Nova Conceição, caminhadas noturnas sempre reservam emoções: a cada 10 passos, um holofote é aceso, provocando a contração imediata das pupilas. Segurança, dizem. Se não contra os larápios, que continuam agindo regularmente, ao menos para prevenir derrapagens e quedas. Afinal, o bairro provavelmente detém a marca de maior concentração de fezes caninas (e donos mal educados) do continente, quiçá do hemisfério sul. Para completar, junto à arquitetura da destruição, a crise de valores: a civilidade e a educação estão em baixa, os Porsches e a arrogância em alta. Um retrato do país.

Que fazer? A resposta está no coração raquítico e mal tratado do bairro: a citada Praça Pereira Coutinho. A exemplo dos projetos comunitários do Harlem e das iniciativas sociais do Jardim Ângela, a praça pode tornar-se um pólo de capital social e, ainda, um importante gerador de divisas. Solução: transformá-la numa pequena vinícola. Não, leitor, nada de vinhos baratos. Seguindo a vocação do bairro, e naturalmente o preço do metro quadrado, lá produziremos o nosso Romanée Conti. Isso mesmo, o próprio.

Primeiro, removeremos as árvores, que o espaço é nobre demais para áreas verdes. Depois, deslocaremos o solo, que será substituído pela boa terra da Borgonha. Garantindo a qualidade, geólogos e enólogos coordenarão o processo. As *pinot noir* terão o mesmo tratamento, vindo diretamente do *domaine* original, em Vosne. Antes, porém, é preciso cuidar do clima. Aqui, uma mãozinha da tecnologia certamente ajudará, que os trópicos são bons para bananas e aguardentes, mas não para vinhos. Sobre a praça, um domo geodésico será instalado, com a temperatura e a umidade totalmente controladas. Se funciona no Zoológico do Bronx, funcionará também em São Paulo. O sincronismo com as antigas terras do Duque de Borgonha será completo: calor, frio, sol e chuva totalmente alinhados. Satélites e computadores no comando de válvulas e fluxos. A supracitada necrópole vertical abrigará os tonéis de aço inoxidável da *cuverie* e o hangar neoclássico será destinado aos barris de carvalho e ao engarrafamento.

Então, talvez esbravejem os puristas: "falta a história!". Claro, tradição não se compra, mas com bons relações públicas e alguma verba de marketing, o processo pode ser apressado para, digamos, "10 séculos em 10 anos". A *vendange* seria em setembro e, 54 meses depois, teríamos o produto. Comercialização: nas boas lojas de Puerto Strossner e no conhecido shopping da Rua João Lourenço. *Voilà*!

Giovanna violada!

Uma festa de estudantes, casais, algum sexo, um espia e uma câmera digital. Na outra ponta: o penico digital e milhares de voyeurs.

Palco do crime: a XV Giovanna. Leia-se: a maior festa universitária da cidade, promovida pelo Diretório Acadêmico da tradicional Escola de Administração de Empresas de São Paulo, da Fundação Getúlio Vargas. Pode ter sido influência do Hitchcock, o que conferiria certo charme ao pequeno meliante; ou dos Big Brothers (pobre Orwell!) e outras porcarias da TV (perdoem a redundância!), o que é mais provável. O fato é que um aprendiz de espia, provavelmente com as mãos em brasa, aprontou. Munido de uma câmera digital, escalou andaimes e flagrou casais em ação. Certo, havia lá uma cândida Mônica Lewinski. Mas convém aqui um reparo: as duplas em questão estavam mais para adolescentes em iniciação afetiva que para praticantes do Kama Sutra.

Perpetrada a vilania, o pequeno meliante decidiu partilhar o crime com o público: e assim seu álbum foi colocado no megapenico digital que conhecemos como Internet. Claro, não foi preciso mais que alguns dias para que as imagens cruzassem cidades e até países. Quem ainda não tinha recebido, tratou de conseguir seu álbum. Pânico! Frenesi! Ultraje! Revolta! Choveram protestos. E os piores modos chauvinistas tupiniquins logo emergiram: mocinhos se vangloriaram, mocinhas se envergonharam, e diz-se que alguns namoros foram desfeitos. Cínicos, os que perderam a festa prometeram ir na próxima oportunidade.

Festas universitárias não são encontros de bandeirantes e escoteiros. Música de qualidade duvidosa, bebida idem, euforia e explosões hormonais convidam a excessos. Mas a imaginação costuma superar o fato. A vida sexual na pós-adolescência, de relações afetivas incertas, é mais rarefeita que faz crer a propaganda; mais ainda nestes tristes trópicos, de muita exibição e pouca ação. É claro que todos que passaram pela universidade, e até mesmo quem estudou no ITA, tem histórias para contar: o *striptease* no final da cervejada, o casal trancado no banheiro do centro acadêmico e coisas assim. Nada que possa destruir carreiras ou inviabilizar casamentos. Apenas folclore para apimentar as lembranças da faculdade. Muito pior é a discussão de uma festa "Osama" em outra tradicional faculdade paulistana, ou a trágica morte de um calouro, ocorrida há alguns anos numa festa de estudantes de medicina.

Mas como certa mídia não perde tempo, e associar uma traquinagem dessa com um nome respeitado é um prato cheio, antes que se pudesse soletrar "panopticum" armou-se o circo: câmeras de TV, advogados, investigações e tudo que uma crise tem direito. Aos nossos sensatos professores e alunos, restou a dura tarefa de reverter a amarga celeuma.

De certo o crime não deve ser minimizado. Expor a privacidade alheia, mesmo no país da Ilha de Caras, é ato merecedor de punição. Mas deverá o meliante ser enviado para Bangu 1? Isto talvez seja excessivo, já que mantemos Paulos, Fernandos e Jaders em liberdade. Mais adequado seria condenar o biltre à vida real: um bom trabalho comunitário num recanto "pitoresco" da periferia brasileira, onde a vida não é nada digital, talvez lhe recupere a razão, os sentimentos e o respeito pelo próximo.

Mas há algo mais grave na infeliz traquinagem: o pequeno meliante nos transformou todos em *voyeurs*. No livro "The Cinematic Society", Norman Denzin afirma que vivemos numa sociedade de *voyeurs*, que conhece a si mesma pelo aparato cinematográfico. O *voyeur* é um tipo que tem prazer em ver as atividades dos outros. Ele redefine o espaço público e privado na sociedade. Invadindo espaços, como os "ninhos de amor" da XV Giovanna, o *voyeur* reinventa a separação. Na "sociedade cinematográfica", povoada por *voyeurs*, conhecemos a nós mesmos e aos outros não pela dura exposição à realidade. Conhecemo-nos, e estranhamo-nos, pelas luzes e sombras que fluem do visor da câmera de cinema, de vídeo e da máquina digital. Espiando-nos obsessivamente uns aos outros, mergulhamos todos em um mar de imagens desconexas, tão cheias de símbolos quanto vazias de significados. Onde o sentido se esvazia, o foco se dilui e a direção coletiva é perdida. Seguimos, então, com a maré. Nosso pequeno meliante foi o gatilho. O pior crime talvez tenha sido cometido por todos nós, seus cúmplices.

JOHNNY VAI À GUERRA

*A FICÇÃO DE AMBROSE BIERCE,
KURT VONNEGUT, JR. E DALTON
TRUMBO COMO ANTÍDOTO
CONTRA A MÍDIA PERFORMÁTICA
E A FUGA DA RAZÃO.*

Johnny é um jovem soldado da infantaria norte-americana. Foi ferido em combate. Preso a uma cama de hospital, toma aos poucos consciência da gravidade de seu estado físico. Johnny está cego, seu rosto está desfigurado, seus braços e suas pernas foram amputados. Vive como um vegetal, o torso e cabeça inertes sob os lençóis. Seu único vínculo com a condição humana é a memória. Suas lembranças o orientam e o impelem a tentar comunicar-se com o mundo ao redor.

Porém, suas primeiras tentativas são frustradas: Johnny tenta se expressar pelo código Morse, mexendo ritmicamente o corpo, mas os médicos interpretam os movimentos como contrações. Johnny é sedado. Um dia, uma nova enfermeira entende a iniciativa. Começam a "conversar". Os médicos são informados. Johnny tem um pedido importante: ele que ser exibido ao público e contar a todos sobre o horror da guerra. A resposta é inequívoca: a solicitação é "contra o regulamento", não pode ser atendida. Johnny é novamente sedado.

A história é de Dalton Trumbo (1905-1976), roteirista e diretor norte-americano. Os acontecimentos referem-se à Primeira Guerra Mundial. O livro, *Johnny Got His Gun*, foi escrito em 1938 e publicado em 1939. "A Primeira Guerra Mundial começou como um festival de verão", escreveu o autor na introdução da edição de 1959. "Milhões festejaram nas ruas a passagem das ondas de tolos fantasiados e pomposos que rumavam para a morte. Nove milhões de cadáveres depois, a festa tinha acabado."

A obra de Trumbo não é caso isolado. A lucidez diante da tragédia da guerra está presente na literatura contemporânea: do drama do Capitão Downing Madweel, em *A Coup de Grâce*, de Ambrose Bierce, às tragicômicas aventuras de Billy Pilgrim, em *Matadouro 5*, de Kurt Vonnegut, Jr. Em tempos de fúria guerreira, movida a alta tecnologia, Trumbo, Bierce e Vonnegut, Jr. são antídotos contra a mídia performática e a fuga da razão.

Na mídia performática o excesso é meio, forma e estilo: informação, imagem e texto constroem uma guerra com estética de videogame. As câmeras acompanham tanques, navios e aviões. A mídia deixou de acompanhar a guerra. Tornou-se uma parceira da guerra: inicia-se o combate e começa o *tour de force* de vídeos, fotos e textos. Repórteres no *front* se comportam como se estivessem transmitindo uma final de campeonato: *"George, como estava o tempo em Bagdá? Como o seu B2 se comportou hoje? O que você sentiu depois de lançar seus mísseis sobre a cidade?"* O massacre no campo de batalha é simultâneo ao massacre virtual.

As fotos são um espetáculo à parte: estranhamente belas, lembram por vezes um Robert Capa diluído, pasteurizado e colorizado. Pobre Capa! A paisagem limpa e aberta de Bagdá — os prédios baixos, as avenidas largas, as árvores simetricamente plantadas e o rio sereno — virou cenário para "fogos de artifício". Rastros de luz branca, cogumelos de fumaça e clarões vermelhos são adicionados, criando imagens perfeitas para as primeiras páginas.

Os relatos ajudam a compor o frenesi narrativo. Parecem saídos da mente de um cocainômano, transformados em texto na velocidade do som: fatos, números, sensações, emoções, tudo vem em estado bruto. Cada evento é minuciosamente registrado, narrado e comentado. Nas telas, o produto é uma visão sanitizada da guerra: algum suor, mas pouco sangue e lágrimas (só o suficiente para legitimar a condição de drama), como notou Alessandra Stanley, do *The New York Times*. O narrador hiperativo cria a audiência passiva e conformista.

No confronto pela audiência, a guerra é espetáculo. Não tem as vantagens de um filme de ação produzido em estúdio, mas é real. E com um pouco de tecnologia, a dose certa de teatralidade e um pouco de edição a audiência é garantida. Na mídia, o som e a fúria da guerra surgem irremediavelmente filtrados. Do excesso emerge o vazio.

Como registrou um veterano da guerra do Vietnã, falando ao *Washington Post*, a sociedade não fala claramente da realidade da guerra. Você pode ouvir a história de um parente distante ou ver as imagens na TV, mas são registros distantes e cheios de *glamour*. Quando as verdadeiras lições da guerra chegam, é tarde demais. Quem sobrevive eventualmente aprende algo, mas o custo da informação é muito mais alto que qualquer um admitiria pagar.

Epílogo

Propostas concretas

"Nossa época é a primeira na história a prestar tanta atenção ao futuro — o que é irônico, considerando-se que podemos não ter futuro nenhum."

Arthur C. Clarke

O DISPOSITIVO QUEBRA-ONDAS

UM NOVO BANCO CENTRAL, COM UM ESTOQUE REGULADOR DE NOTÍCIAS, PARA FAZER FRENTE AO FLAGELO DOS PSEUDO-EVENTOS.

Troca de governo: imune à pantanosa realidade local, o esgarçado otimismo tropical rompe os limites da racionalidade e as esperanças se renovam, ainda que atreladas a uma taxa de câmbio desfavorável. Já que o momento exige, então tome proposta, que este escriba não poderia ficar imune ao espírito cívico emanado das urnas. Adiante, os prolegômenos. Em seguida, o espírito da coisa. Ao fim, os inevitáveis corolários.

Hoje, é a Sociedade do Entretenimento; nos anos 90, foi a Sociedade Cinematográfica; nos anos 80, a Sociedade do Simulacro; nos anos 70, a Sociedade do Espetáculo; nos anos 60, a Sociedade da Imagem. A história é antiga. Há 500 anos Shakespeare e Cervantes já advertiam: somos todos atores no palco da vida. Herdeiro desta longa tradição de faz de conta, Pindorama é hoje uma coleção de teledramas, com uma geléia amorfa e pegajosa a cobrir permanentemente a realidade. O que não pode ser transformado em propaganda de sabão em pó é atirado aos guetos e subterrâneos. Em qualquer instância social a ficção estabelece e dissemina os fatos. Parte deles constitui ruído permanente: a vida no consultório de dentista, a dieta "cultural" restrita a *musak* e *Caras*. Porém outra parte vem em poderosas ondas, capazes de monopolizar atenções e polarizar opiniões.

O ano de 2002 foi exemplar, com os *shows* de voyeurismo, o tedioso evento esportivo nipo-coreano, o circo místico das eleições, as diversões corriqueiras das gangues do planalto e os folguedos carcerários. Todos verdadeiros buracos negros. Coisa alguma lhes escapa. À sua passagem, a vida ao redor se reorganiza. Alguma realidade há, quase sempre perversa, mas a apresentação, travestida de jornalismo ou transformada em puro *show*, dita a interpretação e condiciona a reação.

O processo é conhecido. Primeiro, surge o fato, ou inventa-se um, o que é mais fácil. Então, a "boa nova" corre pelo circuito completo da mídia: os jornais, as rádios, as TVs, as revistas semanais, a Internet e os *shows* de tagarelas. O fluxo é inexorável. O tema é visto com lupa e telescópio, especialistas são ouvidos, o "povo" é consultado, dramatizações são encenadas e colunistas "sérios" formulam julgamentos. Com o tempo o interesse cai e a onda se esvai. A história definha até desaparecer. Como por mágica, outra onda surge e lhe toma o lugar. Recomeça o ciclo.

Solução? A sugestão original é de Cullen Murphy, editor da centenária *The Atlantic Monthly*. Aplica-se ao norte mas pode facilmente ser tropicalizada. Um pouco de história: em 19 de outubro de 1987, o mercado financeiro americano caiu de uma tacada 22%. Catástrofe! O dia ficou conhecido como "segunda-feira negra". Em grande parte, a queda foi provocada pelos *softwares* que automatizam as operações: quando o mercado começou a cair, os algoritmos nos quais os programas se baseiam aceleraram o colapso, enviando ordens de venda. Os *softwares* refletiam o comportamento de manada do mercado. A informática apenas agilizou o movimento. O *crash* deu origem aos *circuit breakers:* com eles, o sistema interrompe as transações temporariamente para romper o ciclo vicioso.

Os *circuit breakers* seriam de extrema utilidade no controle da mídia, para evitar que certos temas fugissem de controle e virassem grandes ondas. Um comitê com representantes da ABI, da CNBB, da OAB, da Escola Waldorf e da Sociedade Psicanalítica seria formado. Cada vez que uma onda fosse percebida, a resposta seria imediata: na TV, a programação seria substituída por filmes de Andrei Tarkovsky, as rádios tocariam apenas músicas de Chet Baker, os jornais diários passariam a reproduzir antigas colunas de Paulo Francis e as revistas semanais seriam preenchidas com uma seleção de artigos de Sergio Augusto.

A ação emergencial arrefeceria a onda, mas talvez fosse insuficiente para contê-la. Em casos extremos, nosso valoroso Comitê, tal qual um banco central, passaria a utilizar um estoque regulador formado por notícias inéditas. As notícias seriam previamente recolhidas junto à mídia, como um dízimo, e descarregadas nos momentos de crise. Na falta de uso ou risco de obsolescência, o estoque poderia ser exportado para a Itália, os Estados Unidos e a Inglaterra, que nos irmanam no flagelo dos pseudo-eventos. Além dos incontáveis benefícios sociais, teríamos ainda efeitos positivos sobre a balança comercial.

PINDORAMA REFEITO

*DO PASSADO PARA O FUTURO
UMA MEDIDA DE EXCEÇÃO,
POLÊMICA E CONTRADITÓRIA,
PARA REDUZIR O
SOFRIMENTO NACIONAL.*

O final de 2002 foi revisionista. A novíssima W11 relançou obras de Paulo Francis. O Digestivo Cultural prestou seu tributo ao grande iconoclasta. Elio Gaspari publicou a crônica dos anos verde-oliva e levou os coturnos às areias do verão. Uma cria da mesma época "chegou ao poder" (seja lá o que "chegar ao poder" signifique). Então, colocamos nossa pena a serviço do nostálgico turismo ao imperfeito pretérito para trazer das catacumbas dos anos 70 um inigualável dispositivo: o absolutamente fabuloso "atestado de não-existência".

Convém advertir: trata-se de algo polêmico, que os mais sensíveis talvez considerem verdadeira arma de destruição em massa. A estes o recado é claro: vivemos uma situação de guerra, a violência urbana atinge níveis insuportáveis, homens de marketing dominam a cultura e publicitários tornam-se figuras eminentes. Com notável vigor, nossa sociedade vai eliminando os últimos traços de civilidade. Por isso, a resposta deve ser extrema.

Os atiradores pragmáticos talvez disparem que vivemos num país de atestados, que se espalham como endemia e pouca valia têm, além, claro, de sustentar a improdutiva existência de despachantes e similares. É fato: já temos o "atestado de idoneidade", o "atestado de saúde", o "atestado de pobreza", a lista é grande. Mas o atestado de não-existência é diferente.

À época de sua criação, nos anos 70, os amigos à direita (eram dois) nos acusaram de querer repetir a revolução cultural chinesa; os amigos à esquerda (mais que dois) nos associaram a Adolfo, Benito, Augusto, Drucker, Deming e outras figuras de triste memória. Quase lhe atestamos a não-existência. Não foi preciso: os primeiros foram trabalhar nas empresas da família e dedicaram a vida a carnes de segunda e fermentados de terceira. Os outros compraram suspensórios e foram trabalhar em bancos de investimentos, ou vice-versa. Ou seja, deixaram de existir por vontade própria.

A operação é simples: uma vez emitido, o atestado de não-existência decreta o fim público, social e cultural. De início, foi aplicado a indivíduos. Porém, logo passou a ser endereçado a instituições e eletrodomésticos. Quem o recebe tem a integridade física preservada e pode seguir uma vida digna. Já a *persona* pública deixa de existir. As vantagens para a humanidade são incontestáveis.

Os primeiros aquinhoados foram os fardados daquela clareira no meio do cerrado: o do radinho, o do petróleo e o fã da estrebaria. A horrenda clareira, embora tenha aeroporto internacional, logo recebeu seu atestado. Não demorou e alguns chatos notáveis foram aquinhoados: aquele insistente paulista que dava seu nome a todas as estatais locais e o baiano que agora freqüenta filmes espanhóis cantando músicas paraguaias (?). O trôpego e trêfego político da aguardente também recebeu o seu. Merecidíssimo!

Deslocamos então nosso foco para os inanimados, e emitimos um atestado para o onipresente eletrodoméstico de antenas. Os impactos sociais positivos foram assinalados: o fim dos falastrões de entonação ensaiada e vocabulário de 27 palavras, dos *experts* que resolvem o mundo em 30 segundos, do vazio frenético dos "reclames" e dos dramalhões feitos em linha de montagem. Um sonho! Os esportes vieram em seguida, começando por aquele das chuteiras, o dos elefantinos saltitantes e o outro, preferido pelos beócios que passam o domingo lavando o carro. Novos impactos sociais: o fim das digressões "filosóficas", das análises "estratégicas", dos rojões à meia-noite e dos desnorteados vagando e gritando como se tivessem realizado vasectomia sem anestesia. Ideal seria estender logo o certificado a todos os esportes competitivos, com ganhos para a saúde e prejuízos para os fabricantes de tênis.

Prioridades não faltam para as emissões: a música popular, a música muito popular, os gerentes-celebridades, os padres-celebridades, todas as celebridades, os livros de auto-ajuda, as revistas de auto-ajuda, os gurus de auto-ajuda, os gurus em geral, o cinema brasileiro (este fenômeno publicitário-fiscal), os *talk-shows* (este fenômeno de incontinência verbal), os economistas-palestrantes, os psicanalistas-palestrantes... a lista é longa. Crime hediondo? Nada disso. Aplicado com rigor, justiça e precisão, o atestado de não-existência criaria um novo Pindorama, de passado refeito, salve, salve!

O Autor

"Ultimamente, as palavras andam tomando uma surra dos escritores."

John Fowles

Thomaz Wood Jr.

Professor da FGV-EAESP e sócio da Matrix/Consultoria e Desenvolvimento Empresarial, é atualmente diretor e editor da RAE–Publicações. Sua prática de consultoria inclui a coordenação de projetos de transformação organizacional e estratégia empresarial. Publicou mais de 50 artigos acadêmicos e mais de 10 livros na área de gestão, incluindo *Executivos neuróticos, empresas nervosas, organizações espetaculares, gurus, curandeiros e modismos empresariais* e *mudança organizacional*. Seus interesses de pesquisa incluem o estudo da espetacularização da vida organizacional, a indústria do *management* e a análise da adaptação e uso de tecnologias gerenciais estrangeiras em países em desenvolvimento. Thomaz Wood Jr. é colunista da revista *CartaCapital* desde 1996.

Notas

1. Os textos deste livro foram originalmente publicados na revista *CartaCapital*.

2. O autor gostaria de agradecer ao ilustrador Maringoni, pela autorização de uso das imagens do fabuloso Victor K.

3. As citações que abrem as diversas partes deste livro foram selecionadas a partir de *O melhor do mau humor*, organizado pelo jornalista Ruy Castro (São Paulo: Editora Shwarcz).

Outras maneiras fáceis de receber informações
sobre nossos lançamentos e ficar atualizado.

- ligue grátis: **0800-265340** (2ª a 6ª feira, das 8:00 h às 18:30 h)
- preencha o cupom e envie pelos correios (o selo será pago pela editora)
- ou mande um e-mail para: **alegro@editoraalegro.com.br**

NEGÓCIO EDITORA

Nome: _____
Escolaridade: _____
Endereço residencial: _____
Bairro: _____ Cidade: _____ Estado: _____
CEP: _____ Tel.: _____ Fax: _____
Empresa: _____
CPF/CGC: _____
Costuma comprar livros através de: ❏ Livrarias ❏ Feiras e eventos ❏ Mala direta
❏ Internet

Sua área de interesse é:

❏ **LIVROS-TEXTO**	❏ **NEGÓCIOS**	❏ **INTERESSE GERAL**	❏ **INFORMÁTICA** Nível
❏ Administração		❏ Idioma	❏ Iniciante
❏ Informática		❏ Não Ficção	❏ Intermediário
❏ Economia		❏ Qualidade de Vida	❏ Avançado
❏ Comunicação			
❏ História			
❏ Ciência Política			
❏ Engenharia			
❏ Estatística			
❏ Física			
❏ Turismo			

20299-999 - Rio de Janeiro - RJ

CARTÃO RESPOSTA
Não é necessário selar

O selo será pago por
Editora Campus

NEGÓCIO EDITORA

PRT/RJ – 0456/02
UP AFONSO CAVALCANTI
DR/RJ

PAPEL CHAMOIS-FINE alcalino

Impresso em Chamois Fine Dunas 80g/m², da Ripasa S/A., fabricado em harmonia com o meio ambiente.

Serviços de impressão e acabamento executados, a partir de filmes fornecidos, nas oficinas gráficas da EDITORA SANTUÁRIO
Fone: (12) 3104-2000 - fax: (12) 3104-2016
http://www.redemptor.com.br - Aparecida-SP